SPRACHFÜHRER

Englisch

für die Reise

Die wichtigsten Wörter & Sätze
für unterwegs

W0184970

compact

Bisher sind in dieser Reihe erschienen:

- Sprachführer Englisch für die Reise
- Sprachführer Französisch für die Reise
- Sprachführer Italienisch für die Reise
- Sprachführer Spanisch für die Reise

Bildnachweis
fotolia: goodluz 9; Lev 33; Deklofenak 59; Butch 173; Bombaert Patrick 241; nikitos77 246; nito 246; Africa Studio 247; Alexander Raths 247; Anna Kucherova 248; gtranquillity 248; oksix 248; picsfive 248, 249; Dmytro Sukharevskyy 249; Friedberg 249; gavran333 249; Marius Graf 249; DAN 250; Monika 3 Steps Ahead 250, 251; Ariwasabi 252, 253; Mirko Raatz 255; Tom Bird 255
iStockphoto: John Pavel 107; traveler1116 127; Henrik Jonsson 256
shutterstock: Phil Date 81; SurangaWeeratunga 133; juan ignacio laboa 155; Dudarev Mikhail 181; D7INAMI7S 242–245; Elena Schweitzer 244, 245; Picsfive 246; Ami Parikh 246, 247; Dmitrij Skorobogatov 247; Feng Yu 247; Smit 246, 247; Jaroslaw Grudzinski 248; studioVin 250; vovan 250; monika3steps 250, 251; Alexlukin 251; gbautista87 251; Abramova Kseniya 254; photomaster 254, 255; panbazil 254, 255
Icons Cover: joingate; Icons Kolumne: VectorForever

Baierbrunner Straße 27, 81379 München
Ausgabe 2014
3. Auflage

Text: Mike Hillenbrand, Todd R. Rives
Chefredaktion: Dr. Matthias Feldbaum
Redaktion: Helga Aichele
Fachkorrektur: Oliver Astley
Produktion: Frank Speicher
Titelabbildungen: shutterstock: Matthew Jacques; fotolia: K.C.
Umschlaggestaltung: X-Design, München

ISBN 978-3-8174-8838-4
381748838/3

www.compactverlag.de

Inhaltsverzeichnis

Lautschrift

Aussprache

Angegeben ist die britische Aussprache in internationaler Lautschrift. Das Betonungszeichen (ˈ) steht jeweils vor der Silbe, die betont wird.

Konsonanten

big	b	Ball
day	d	dann
fish	f	fünf, vier
get	g	Gut
hat	h	Hemd
yes	j	ja
keep, cat	k	Kind
life	l	Lob
me	m	mich
no, know	n	nein
hang	ŋ	lang
pass	p	Post
road	r	Rand
sun, cellar	s	besser
shoot	ʃ	Schuhe
tap	t	Tisch
think	θ	
that	ð	
vote	v	Weg
wish	w	
zoo	z	sein
pleasure	ʒ	Genie
jam, edge	dʒ	Dschungel
chair	tʃ	Matsch

Vokale

run	ʌ	
jar	ɑː	Bahn, Saal
black	æ	
set	e	egal
above	ə	gefallen
turn, early	ɜː	
if	ɪ	ist
be, meet	iː	Liebe
dog	ɒ	
short	ɔː	
put, hood	ʊ	
blue	uː	Zug

Doppellaute

by, buy, lie	aɪ	heiß
round, now	aʊ	Haus
late, day, rail	eɪ	
chair, stare	eə	
mow, go	əʊ	
near, here	ɪə	
joy, boil	ɔɪ	neu
sure, poor	ʊə	

Bitte!	**Please!**	[pli:z]
Danke!	**Thank you!**	[ˈθæŋk jʊ]
Ja!	**Yes!**	[jes]
Nein!	**No!**	[nəʊ]
Vielleicht!	**Maybe!**	[ˈmeɪbɪ]
Natürlich!	**Of course!**	[ɒv ˈkɔ:s]
Guten Morgen!	**Good morning!**	[gʊd ˈmɔ:nɪŋ]
Guten Tag!	**Hello!**	[həˈləʊ]
Guten Abend!	**Good evening!**	[gʊd ˈi:vnɪŋ]
Gute Nacht!	**Good night!**	[gʊd ˈnaɪt]
Hallo!	**Hello!**	[həˈləʊ]
Wie geht es Ihnen?	**How are you?**	[haʊ ˈɑ: jʊ]
Schön, Sie zu sehen!	**Nice to see you!**	[naɪs tə ˈsi: jʊ]
Tschüss!	**Bye!**	[baɪ]
Auf Wiedersehen!	**Goodbye!**	[gʊdˈbaɪ]
Bis bald!	**See you later!**	[si: jʊ ˈleɪtə]
Bis morgen!	**See you tomorrow!**	[si: jʊ təˈmɒrəʊ]
Ich verstehe nicht.	**I don't understand.**	[aɪ ˈdəʊnt ʌndəˈstænd]
Wie bitte?	**Sorry?**	[sɒrɪ]
Ich habe verstanden.	**I understand.**	[aɪ ʌndəˈstænd]
Ich spreche kein ...	**I don't speak...**	[aɪ ˈdəʊnt spi:k...]
Sprechen Sie bitte langsamer.	**Please speak more slowly.**	[pli:z ˈspi:k mɔ: ˈsləʊlɪ]
Ich kann Ihnen nicht folgen.	**I don't follow you.**	[aɪ dəʊnt ˈfɒləʊ jʊ]
Könnten Sie das noch einmal wiederholen?	**Could you please repeat that?**	[kʊd jʊ pli:z rɪˈpi:t ðæt]
Können Sie mir das bitte aufschreiben?	**Can you write that down for me, please?**	[kən jʊ raɪt ðæt ˈdaʊn fə mɪ pli:z]
Entschuldigung.	**Excuse me.**	[ɪksˈkju:z mi:]
Das tut mir leid.	**I'm sorry.**	[aɪm ˈsɒrɪ]
Macht nichts.	**It's all right.**	[ɪts ɔ:l ˈraɪt]
Zum Flughafen.	**To the airport.**	[tə ðɪ ˈeəpɔ:t]

Auf einen Blick

Zum Hotel ..., bitte.	**To the hotel..., please.**	[tə ðə həʊ'tel... pli:z]
Mein Name ist ...	**My name is...**	[maɪ 'neɪm ɪz...]
Ich brauche ...	**I need...**	[aɪ ni:d...]
Ich möchte ...	**I'd like...**	[aɪd laɪk...]
Ich hätte gerne eine Fahrkarte nach ...	**I'd like to buy a ticket to...**	[aɪd laɪk tə baɪ ə 'tɪkɪt tʊ...]
Ich möchte einen Tisch reservieren.	**I'd like to reserve a table.**	[aɪd laɪk tə rɪ'zɜ:v ə 'teɪbl]
Ich bin hungrig/ durstig.	**I'm hungry/thirsty.**	[aɪm 'hʌŋgrɪ/ 'θɜ:stɪ]
Die Rechnung, bitte.	**Could I have the bill, please?**	['kʊd aɪ hæv ðə 'bɪl pli:z]
Ich möchte ... Euro wechseln.	**I'd like to change... euros.**	[aɪd laɪk tə 'tʃeɪndʒ... 'jʊərəʊz]
Ich möchte gerne einen Stadtplan.	**I'd like a city map.**	[aɪd laɪk ə 'sɪtɪ mæp]
Ich möchte ... besichtigen.	**I'd like to visit...**	[aɪd laɪk tə 'vɪzɪt...]
Herzlichen Glückwunsch!	**Congratulations!**	[kəngrætʃʊ'leɪʃnz]
heute	**today**	[tə'deɪ]
morgen	**tomorrow**	[tə'mɒrəʊ]
gestern	**yesterday**	['jestədeɪ]
geradeaus	**straight ahead**	[streɪt ə'hed]
rechts	**(on the) right**	[ɒn ðə 'raɪt]
links	**(on the) left**	[ɒn ðə 'left]
hinten	**behind**	[bɪ'haɪnd]
vorne	**in front**	[ɪn 'frʌnt]
oben	**above**	[ə'bʌv]
unten	**below**	[bɪ'ləʊ]
nah	**near**	[nɪə]
weit	**far**	[fɑ:]
warm	**warm**	[wɔ:m]
kalt	**cold**	[kəʊld]

Fragen

Sprechen/Verstehen Sie Deutsch?	**Do you speak/understand German?**	[dʊ jʊ 'spi:k/ ʌndə'stænd 'dʒɜ:mən]
Wie heißen Sie?	**What's your name?**	[wɒts jɔ: 'neɪm]
Können Sie mir helfen?	**Can you help me?**	[kæn jʊ 'help mɪ]
Wo ist die nächste Telefonzelle?	**Where's the nearest phone box?**	[weəz ðə 'nɪərəst 'fəʊn bɒks]
Ist ... da?	**Is... there?**	[ɪz... ðeə]
Wie viel Uhr ist es?	**What time is it?**	[wɒt 'taɪm ɪz ɪt]
Wie komme ich nach ...?	**How do I get to...?**	[haʊ dʊ aɪ get tʊ...]
Wo ist die nächste Tankstelle?	**Where's the nearest filling station?**	[weəz ðə nɪərəst 'fɪlɪŋ steɪʃn]
Welche Linie fährt nach ...?	**Which line goes to...?**	[wɪtʃ 'laɪn gəʊz tʊ]
Wo ist das Hotel ...?	**Where's the... hotel?**	[weəz ðə... həʊ'tel]
Haben Sie noch ein Zimmer frei?	**Is there a room free?**	[ɪz ðeər ə 'rʊ:m 'fri:]
Wie lang haben Sie geöffnet?	**How long are you open?**	[haʊ 'lɒŋ ɑ: jʊ 'əʊpn]
Wo ist der nächste Geldautomat?	**Where's the nearest cash machine** ***UK/*** **ATM** ***US*****?**	[weəz ðə nɪərəst 'kæʃ məʃi:n/eɪti:'em]
Was kostet der Eintritt?	**How much is a ticket?**	[haʊ mʌtʃ ɪz ə 'tɪkɪt]
Ist das der Weg nach ...?	**Is this the right way to...?**	[ɪz 'ðɪs ðe raɪt 'weɪ tʊ...]
Wann?	**When?**	[wen]
Warum?	**Why?**	[waɪ]
Was?	**What?**	[wɒt]
Welche/r/s?	**Which?**	[wɪtʃ]
Wer?	**Who?**	[hu:]
Wie?	**How?**	[haʊ]
Wieviel?	**How much?**	[haʊ 'mʌtʃ]
Wo?	**Where?**	[weə]

Woher ...?	**Where... from?**	[weə... ˈfrɒm]
Wohin ...?	**Where... to?**	[weə... ˈtuː]
Wie lange?	**How long?**	[haʊ ˈlɒŋ]
Haben Sie ...?	**Do you have...?**	[dʊ jʊ ˈhæv...]
Wo steht ...?	**Where is...?**	[ˈweər ɪz...]
Was kostet ...?	**How much is...?**	[haʊ ˈmʌtʃ ɪz...]
Kennen Sie einen Arzt/ Kinderarzt?	**Do you know a doctor/ paediatrician?**	[dʊ jʊ nəʊ ə ˈdɒktə/ piːdɪəˈtrɪʃn]
Wo ist das nächste Polizeirevier?	**Where's the nearest police station?**	[weəz ðə nɪərəst pəˈliːs steɪʃən]
Können Sie mir bitte ein Taxi rufen?	**Can you call me a taxi, please?**	[kən jʊ kɔːl mɪ ə ˈtæksɪ pliːz]
Wo sind hier bitte die Toiletten?	**Where's the toilet, please?**	[weəz ðə ˈtɔɪlət pliːz]

Für den Notfall

Achtung!	**Look out!**	[lʊk ˈaʊt]
Vorsicht!	**Careful!**	[ˈkeəfl]
Stopp!	**Stop!**	[stɒp]
Hilfe!	**Help!**	[help]
Feuer!	**Fire!**	[faɪə]
Polizei!	**Police!**	[pəˈliːs]
Rufen Sie einen Arzt!	**Call a doctor!**	[kɔːl ə ˈdɒktə]
Rufen Sie einen Krankenwagen!	**Call an ambulance!**	[kɔːl ən ˈæmbjʊləns]
Diesem Mann/dieser Frau geht es nicht gut!	**This man/woman isn't well!**	[ðɪs ˈmæn/ˈwʊmən ɪznt wel]
Geben Sie mir bitte etwas gegen ...	**Please give me something for...**	[pliːz ˈɡɪv mɪ sʌmθɪŋ fɔː...]
Ich bin bestohlen worden!	**I've been robbed!**	[aɪv biːn ˈrɒbd]
Ich habe mein ... verloren.	**I've lost my...**	[aɪv lɒst maɪ...]
Rufen Sie die Polizei!	**Call the police!**	[kɔːl ðə pəˈliːs]

Sprechen & Verstehen

Guten Morgen!	**Good morning!**	[gʊd ˈmɔːnɪŋ]
Guten Tag!	**Hello!**	[həˈləʊ]
Guten Abend!	**Good evening!**	[gʊd ˈiːvnɪŋ]
Gute Nacht!	**Goodnight!**	[gʊdˈnaɪt]
Hallo!	**Hello!**	[həˈləʊ]
Darf ich Sie mit ... bekannt machen?	**May I introduce you to...?**	[meɪ aɪ ɪntrəˈdjuːs jʊ tʊ...]
Freut mich sehr, Sie kennenzulernen.	**Nice to meet you.**	[ˈnaɪs tə ˈmiːt jʊ]
Wie geht es Ihnen?	**How are you?**	[haʊ ˈɑː jʊ]
Danke. Und Ihnen?	**Fine, thank you. And you?**	[faɪn ˈθæŋk jʊ ənd ˈjuː]
Wie heißen Sie?	**What's your name?**	[ˈwɒts jɔː ˈneɪm]
Ich heiße ...	**My name is...**	[maɪ ˈneɪm ɪz...]
Ich komme aus ...	**I'm from...**	[aɪm frɒm...]
Woher kommen Sie?	**Where are you from?**	[weər ə jʊ ˈfrɒm]

Wie lange bleiben Sie?	**How long are you staying?**	[haʊ ˈlɒŋ ə jʊ ˈsteɪɪŋ]
Sind Sie zum ersten Mal hier?	**Is this your first time here?**	[ɪz ðɪs jɔː ˈfɜːst taɪm hɪə]
Viel Vergnügen!	**Have fun!**	[hæv ˈfʌn]
Einen angenehmen Aufenthalt!	**Have a pleasant stay!**	[hæv ə pleznt ˈsteɪ]
Grüßen Sie/Grüß ...	**Say hello to...**	[seɪ həˈləʊ tʊ...]
Kommen Sie wieder (zu uns)!	**Come (visit us) again!**	[kʌm (ˈvɪzɪt ʌs) əˈgen]
Wir sehen uns später!	**See you later!**	[siː jʊ ˈleɪtə]
Auf Wiedersehen!	**Goodbye!**	[gʊdˈbaɪ]
Alles Gute!	**Best wishes!**	[best ˈwɪʃɪz]
Bis morgen!	**See you tomorrow!**	[siː jʊ təˈmɒrəʊ]
Gute Reise!	**Have a nice trip!**	[hæv ə naɪs ˈtrɪp]
Tschüss!	**Bye!**	[baɪ]
Bis bald!	**See you soon!**	[siː jʊ ˈsuːn]

anlächeln	**to smile**	[smaɪl]
anrufen	**to (tele)phone**	[ˈ(telɪ)fəʊn]
(be)grüßen	**to greet**	[gri:t]
Frau ...	**Mrs...**	[ˈmɪsɪz...]
Fräulein	**Miss**	[mɪs]
Freund/in	**friend**	[frend]
gehen	**to go**	[gəʊ]
Gruß	**greeting**	[ˈgri:tɪŋ]
Hallo!	**Hello!**	[həˈləʊ]
Herr ...	**Mr...**	[ˈmɪstə...]
kennenlernen	**to meet**	[mi:t]
kommen	**to come**	[kʌm]
küssen	**to kiss**	[kɪs]
Mann	**man**	[mæn]
meine Damen	**ladies**	[ˈleɪdɪz]
meine Herren	**gentlemen**	[ˈdʒentlmən]
Nachname	**surname**	[ˈsɜ:neɪm]
Name	**name**	[neɪm]
Sohn	**son**	[sʌn]
Tag	**day**	[deɪ]
Tochter	**daughter**	[ˈdɔ:tə]
treffen	**to meet**	[mi:t]
Tschüss!	**Bye!**	[baɪ]
umarmen	**to hug**	[hʌg]
verabreden	**to arrange**	[əˈreɪndʒ]
verabschieden	**to say goodbye to...**	[seɪ gʊdˈbaɪ tʊ...]
vergessen	**to forget**	[fəˈget]
Vorname	**first name**	[ˈfɜ:st neɪm]
wiederkommen	**to come back**	[kʌm ˈbæk]
winken	**to wave**	[weɪv]

Wie bitte?	**Sorry?**	[ˈsɒrɪ]
Ich habe nicht alles verstanden.	**I didn't understand everything.**	[aɪ dɪdnt ʌndə-ˈstænd ˈevrɪθɪŋ]
Ich verstehe.	**I understand.**	[aɪ ʌndəˈstænd]
Verstehen Sie mich?	**Do you understand me?**	[dʊ jʊ ʌndəˈstænd mɪ]
Ich verstehe Sie nicht.	**I can't understand you.**	[aɪ kɑːnt ʌndəˈstænd jʊ]
Sprechen Sie Deutsch/ Englisch?	**Do you speak German/English?**	[dʊ jʊ spiːk ˈdʒɜːmən/ˈɪŋglɪʃ]
Können Sie das für mich übersetzen?	**Can you translate that for me?**	[kæn jʊ trænsˈleɪt ðæt fə mɪ]
Könnten Sie mir das bitte aufschreiben?	**Can you write that down for me, please?**	[kæn jʊ raɪt ðæt ˈdaʊn fə mɪ pliːz]
Bitte sprechen Sie etwas langsamer.	**Please speak a little more slowly.**	[pliːz spiːk ə lɪtl mɔː ˈsləʊlɪ]
Können Sie mir helfen?	**Can you help me?**	[kæn jʊ ˈhelp mɪ]
Buchstabieren/Wiederholen Sie das bitte.	**Please spell/repeat that.**	[pliːz ˈspel/rɪˈpiːt ðæt]

Was bedeutet das?	**What does that mean?**	[wɒt dʌz ðæt ˈmiːn]
Was heißt ... auf Deutsch/ Englisch?	**How do you say... in German/ English?**	[haʊ dʊ jʊ seɪ... ɪn ˈdʒɜːmən/ ˈɪnglɪʃ]
Wie spricht man dieses Wort aus?	**How do you pronounce this word?**	[haʊ dʊ jʊ prəˈnaʊns ðɪs ˈwɜːd]
Herzlichen Glückwunsch!	**Congratulations!**	[kəngrætjʊˈleɪʃnz]
Das ist eine gute Nachricht!	**That's great news!**	[ðæts ˈgreɪt njuːz]
Das tut mir sehr leid.	**I'm very sorry.**	[aɪm verɪ ˈsɒrɪ]
Das ist eine schreckliche Nachricht.	**What horrible news.**	[wɒt ˈhɒrɪbl njuːz]
Das ist mir peinlich.	**This is awkward for me.**	[ðɪs ɪz ˈɔːkwəd fə mɪ]
Eigentlich ...	**Actually,...**	[ˈæktʃʊəlɪ...]
Da haben Sie mich falsch verstanden.	**You didn't understand me correctly.**	[jʊ dɪdnt ʌndəˈstænd mɪ kəˈrektlɪ]

Das war wohl ein Missverständnis.	**It was a misunderstanding.**	[ɪt wɒz ə mɪsʌndəˈstændɪŋ]
Man könnte sagen, dass ...	**You could say that...**	[jʊ kəd ˈseɪ ðæt...]
Auf keinen Fall.	**Under no circumstances.**	[ʌndə ˈnəʊ ˈsɜːkəmstænsɪz]
Das geht doch nicht.	**That's not right.**	[ðæts nɒt ˈraɪt]
Ich weiß noch nicht.	**I don't know yet.**	[aɪ dəʊnt ˈnəʊ jet]
Wie schade.	**What a shame.**	[wɒt ə ˈʃeɪm]
Es ist bedauerlich, dass ...	**I/We regret that...**	[aɪ/wɪ rɪˈgret ðæt...]
Es tut mir leid.	**I'm sorry.**	[aɪm ˈsɒrɪ]
Das macht nichts.	**It's all right.**	[ɪts ɔːl ˈraɪt]
Darf ich?	**May I?**	[ˈmeɪ aɪ]
Bitte sehr!	**Be my guest!**	[bɪ maɪ ˈgest]
Ja, bitte.	**Yes, please.**	[ˈjes pliːz]
Nein, danke.	**No, thank you.**	[nəʊ ˈθæŋk jʊ]

Wie bitte?	**Sorry?**	[ˈsɒrɪ]
Sehr gut!	**Very well!**	[verɪ ˈwel]
Vielleicht.	**Maybe.**	[ˈmeɪbɪ]
In Ordnung.	**Okay.**	[əʊˈkeɪ]
Gern geschehen!	**You're welcome.**	[jɔː ˈwelkʌm]
Viel Vergnügen!	**Have fun!**	[hæv ˈfʌn]
Vielen Dank.	**Thank you.**	[ˈθæŋk jʊ]
Danke, gleichfalls.	**Thanks, you too!**	[ˈθæŋks ˈjuː tuː]
Ich glaube ...	**I think...**	[aɪ ˈθɪŋk...]
Ich möchte sagen ...	**I'd like to say...**	[aɪd laɪk tə ˈseɪ...]
Ich könnte mir vorstellen, dass ...	**I can imagine that...**	[aɪ kən ɪˈmædʒɪn ðæt...]
Ausgeschlossen!	**No way!**	[nəʊ ˈweɪ]

i

Man benutzt das Verb „do", um eine Frage zu bejahen. Beispiel: „Do you like London?" Antwort: „Yes, I do."

Abschied	**farewell**	[feə'wel]
Absicht	**intention**	[ɪn'tenʃn]
Akzent	**accent**	['æksent]
andererseits	**on the other hand**	[ɒn ðɪ 'ʌðə hænd]
Antwort	**answer**	['ɑ:nsə]
antworten	**to answer**	['ɑ:nsə]
aufschreiben	**to write down**	[raɪt 'daʊn]
ausdrücken	**to express**	[ɪk'spres]
Aussprache	**pronunciation**	[prənʌnsɪ'eɪʃn]
aussprechen	**to pronounce**	[prə'naʊns]
beabsichtigt	**intentional**	[ɪn'tenʃənl]
bedauern	**to regret**	[rɪ'gret]
Bedenken	**objection**	[əb'dʒekʃn]
Bild	**picture**	['pɪktʃə]
Bitte!	**Please.**	[pli:z]
buchstabieren	**to spell**	[spel]
Danke!	**Thank you.**	['θæŋk jʊ]
davon ausgehen	**to assume**	[ə'sju:m]
denken	**to think**	[θɪŋk]
Dialekt	**dialect**	['daɪəlekt]
Einladung	**invitation**	[ɪnvɪ'teɪʃn]
entschuldigen (sich)	**to apologize**	[ə'pɒlədʒaɪz]
Entschuldigung.	**Excuse me.**	[ɪks'kju:z mi:]
falsch verstehen	**to misunderstand**	[mɪsʌndə'stænd]
flüstern	**to whisper**	['wɪspə]
Frage	**question**	['kwestʃən]
fragen	**to ask**	[ɑ:sk]
Freude	**joy**	[dʒɔɪ]
Gespräch	**talk**	[tɔ:k]
Gestik	**gestures** ***pl***	['dʒestʃəz]

gestikulieren	**to gesticulate**	[dʒeˈstɪkjʊleɪt]
Glückwunsch	**congratulations**	[kəngrætjʊˈleɪʃnz]
Grammatik	**grammar**	[ˈgræmə]
Hallo!	**Hello.**	[həˈləʊ]
herzlich	**affectionate**	[əˈfekʃənət]
hören	**to hear**	[hɪə]
Information	**information**	[ɪnfəˈmeɪʃən]
informieren	**to inform**	[ɪnˈfɔːm]
Inhalt	**content**	[ˈkɒntent]
in Ordnung	**okay**	[əʊˈkeɪ]
interessant	**interesting**	[ˈɪntrəstɪŋ]
ja	**yes**	[jes]
Kommunikation	**communication**	[kəmjuːnɪˈkeɪʃn]
Körpersprache	**body language**	[ˈbɒdɪ læŋgwɪdʒ]
langsam	**slowly**	[ˈsləʊlɪ]
laut	**loud**	[laʊd]
leidtun	**to be sorry**	[bɪ ˈsɒrɪ]
leise	**quiet**	[ˈkwaɪət]
lesen	**to read**	[riːd]
Mimik	**facial expression**	[ˈfeɪʃl ɪkˈspreʃn]
Missverständnis	**misunderstanding**	[mɪsʌndəˈstændɪŋ]
missverstehen	**to misunderstand**	[mɪsʌndəˈstænd]
Nachricht	**news**	[njuːz]
natürlich	**of course**	[əv ˈkɔːs]
nein	**no**	[nəʊ]
Notiz	**note**	[nəʊt]
Peinlichkeit	**awkwardness**	[ˈɔːkwədnəs]
phantastisch	**fantastic**	[fænˈtæstɪk]
Problem	**problem**	[ˈprɒbləm]
rufen	**to call**	[kɔːl]

sagen	**to say**	[seɪ]
Satz	**phrase**	[freɪz]
schnell	**quick**	[kwɪk]
schreiben	**to write**	[raɪt]
schreien	**to shout**	[ʃaʊt]
sehr gut	**very good**	[ˈverɪ gʊd]
sprechen	**to speak**	[spiːk]
Stift	**pen**	[pen]
stottern	**to stutter**	[ˈstʌtə]
Streit	**quarrel**	[ˈkwɒrəl]
Telefon	**telephone**	[ˈtelɪfəʊn]
Tschüss!	**Bye!**	[baɪ]
unterbrechen	**to interrupt**	[ɪntəˈrʌpt]
Verständnis	**understanding**	[ʌndəˈstændɪŋ]
Verständnis-schwierigkeit	**difficulty in understanding**	[dɪfɪkəltɪ ɪn ʌndəˈstændɪŋ]
verstehen	**to understand**	[ʌndəˈstænd]
Verzeihung	**pardon**	[ˈpɑːdən]
viel	**a lot (of)**	[ə ˈlɒt (ɒv)]
vielleicht	**maybe**	[ˈmeɪbɪ]
Vokabel	**word**	[wɜːd]
wenig	**little**	[ˈlɪtl]
wiederholen	**to repeat**	[rɪˈpiːt]
Wort	**word**	[wɜːd]
Wörterbuch	**dictionary**	[ˈdɪkʃənrɪ]
wunderschön	**beautiful**	[ˈbjuːtɪfʊl]
wundervoll	**wonderful**	[ˈwʌndəfʊl]
zeigen	**to show**	[ʃəʊ]
Zettel	**slip of paper**	[slɪp əv ˈpeɪpə]
zufrieden	**content**	[kənˈtent]

Seien Sie nicht verwundert, wenn Sie in einem englischsprachigen Land schnell mit dem Vornamen angeredet werden. Dies ist keineswegs respektlos gemeint. Der Vorname wird hier einfach bereitwilliger benutzt als in Deutschland und es würde sogar unhöflich wirken, die betreffende Person nicht auch mit dem Vornamen anzureden. Zudem unterscheidet man im Englischen nicht zwischen „du" und „Sie".

Beim Grüßen in England und Amerika gilt: „Hello" ist nie verkehrt; es klingt nicht so salopp wie das deutsche Hallo. Etwas formeller sind „Good morning" = Guten Morgen, „Good afternoon" = Guten Nachmittag und „Good evening" = Guten Abend.
„Goodnight" = Gute Nacht wird wie im Deutschen einzig als Verabschiedung verwendet.

Höflichkeit wird im Alltag großgeschrieben. Wenn man jemanden versehentlich anrempelt oder stört, entschuldigt man sich mit „Sorry." Es gilt als sehr unhöflich, sich vorzudrängeln.

Beim Betreten eines Restaurants in englischsprachigen Ländern ist es üblich, sich nicht selbst auf die Suche nach einem freien Platz zu machen. Ein Schild mit der Aufschrift „Please wait to be seated" deutet darauf hin, dass man vom Kellner zum nächsten freien Tisch geführt wird.

Das Rauchen gehört in den USA und auf den britischen Inseln eher zu den unpopulären Dingen. Es gilt ein strenges Rauchverbot in Restaurants, Bars und teilweise auf öffentlichen Plätzen.

Es wird nicht gerne gesehen, wenn nach dem Essen noch ein Glas Wein bestellt wird. In Restaurants wird tatsächlich „nur" gegessen, während das gemütliche Beisammensitzen in einer Bar oder in einem Pub üblich ist.

Wie heißen Sie?/ Wie heißt du?	**What's your name?**	[wɒts jɔː ˈneɪm]
Was sind Sie von Beruf?	**What do you do?**	[ˈwɒt dʊ jʊ ˈduː]
Was studieren Sie?	**What do you study?**	[ˈwɒt dʊ jʊ ˈstʌdɪ]
Wie alt sind Sie?/ Wie alt bist du?	**How old are you?**	[haʊ ˈəʊld ə jʊ]
Woher kommen Sie?	**Where are you from?**	[weər ɑː jʊ ˈfrɒm]
Ich heiße .../Ich bin ...	**My name is.../I'm...**	[maɪ ˈneɪm ɪz.../ aɪm...]
Ich bin ... Jahre alt.	**I'm... years old.**	[aɪm... jɪəz ˈəʊld]
Ich komme aus Deutschland.	**I'm from Germany.**	[aɪm ˈfrɒm ˈdʒɜːmənɪ]
Ich arbeite als Lehrer/ Beamter/Maler ...	**I'm a teacher/an official/a painter...**	[aɪm ə ˈtiːtʃə/ən əˈfɪʃl/ə ˈpeɪntə...]
Wie geht es Ihnen/dir?	**How are you?**	[haʊ ˈɑː jʊ]

i

Auf die eher in formellen Kontexten gebrauchte Begrüßung „How do you do?" antwortet der Gesprächspartner interessanterweise auch mit der Frage „How do you do?".

Sehr gut, danke.	**Very well, thanks.**	[verɪ ˈwel ˈθæŋks]
Nicht so gut.	**Not so good.**	[nɒt səʊ ˈgʊd]
Mögen Sie Sport?	**Do you like sports?**	[dʊ jʊ laɪk ˈspɔːts]
Haben Sie Feuer?	**Have you got a light, please?**	[hæv jʊ gɒt ə ˈlaɪt pliːz]
Möchten Sie eine Zigarette?	**Would you like a cigarette?**	[wʊd jʊ laɪk ə sɪgəˈret]
Nein danke, ich rauche nicht.	**No thanks, I don't smoke.**	[nəʊ ˈθæŋks aɪ dəʊnt ˈsməʊk]
Hast du Lust, mich zu einer Party zu begleiten?	**Would you like to go to a party with me?**	[wʊd jʊ ˈlaɪk tə gəʊ tʊ ə ˈpaːtɪ wɪð mɪ]
Wundervoll. Ich werde gerne kommen.	**Great. I'd love to come.**	[ˈgreɪt aɪd ˈlʌv tə kʌm]
Ich hole Sie in Ihrem Hotel ab.	**I'll pick you up at your hotel.**	[aɪl pɪk jʊ ˈʌp æt jɔː həʊˈtel]
Tut mir leid, aber ich kann leider nicht kommen.	**I'm sorry, but I can't come.**	[aɪm ˈsɒrɪ bʌt aɪ kaːnt ˈkʌm]

Entschuldigen Sie bitte die Verspätung.	**Sorry I'm/we're late.**	[sɒrɪ aɪm/wɪə ˈleɪt]
Darf ich mich setzen?	**May I sit down?**	[meɪ aɪ sɪt ˈdaʊn]
Es tut mir leid, hier ist besetzt.	**I'm sorry, this seat's taken.**	[aɪm ˈsɒrɪ ðɪs siːts ˈteɪkən]
Setzen Sie sich doch.	**Take a seat.**	[teɪk ə ˈsiːt]
Störe ich?	**Am I bothering you?**	[æm aɪ ˈbɒðrɪŋ jʊ]
Nein, überhaupt nicht.	**No, not at all.**	[ˈnəʊ nɒt æt ˈɔːl]
Haben Sie Lust, mich zu begleiten?	**Would you like to join me?**	[wʊd jʊ laɪk tə ˈdʒɔɪn mɪ]
Darf ich Sie/dich nach Hause bringen?	**Can I give you a lift home?**	[kən aɪ gɪv jʊ ə ˈlɪft ˈhəʊm]
Möchten Sie tanzen?	**Would you like to dance?**	[wʊd jʊ laɪk tə ˈdɑːns]
Möchten Sie am ... mit uns zu Abend essen?	**Would you like to join us for dinner on...**	[wʊd jʊ laɪk tə ˈdʒɔɪn ʌs fə ˈdɪnə ɒn...]
Sind Sie verheiratet?	**Are you married?**	[ɑː jʊ ˈmærɪd]

Mit Vergnügen.	**Gladly.**	[ˈglædlɪ]
Machen Sie Urlaub hier?	**Are you here on holiday?**	[ɑː jʊ hɪə ɒn ˈhɒlɪdeɪ]
Kommen Sie öfter hierher?	**Do you come here often?**	[dʊ jʊ ˈkʌm hɪə ˈɒfn]
Reisen Sie sehr viel?	**Do you travel much?**	[dʊ jʊ ˈtrævl mʌtʃ]
Wie gefällt Ihnen ...?	**How do you like...?**	[haʊ dʊ jʊ ˈlaɪk...]
Der Strand ist wunderschön/ ziemlich überfüllt.	**The beach is beautiful/very crowded.**	[ðə biːtʃ ɪz ˈbjuːtəfl/verɪ ˈkraʊdɪd]
Unser Hotel ist mitten im Zentrum/außerhalb von ...	**Our hotel is in the centre/outside of...**	[aʊə həʊˈtel ɪz ɪn ðə ˈsentə/aʊtˈsaɪd ɒv...]
Es gibt hier wirklich sehr viel zu sehen.	**There's lots to see here.**	[ðeəz lɒts tə ˈsiː hɪə]
... ist eine fantastische Stadt.	**... is a fantastic city.**	[... ɪz ə fænˈtæstɪk sɪtɪ]
Die Landschaft ist wunderschön.	**The landscape is gorgeous.**	[ðə ˈlændskeɪp ɪz ˈgɔːdʒəs]

Es gefällt mir sehr gut.	**I like it very much.**	[aɪ laɪk ɪt ˈverɪ ˈmʌtʃ]
Wohnen Sie hier?	**Do you live here?**	[dʊ jʊ ˈlɪv hɪə]
Wollen wir etwas zusammen unternehmen?	**Would you like to do something together?**	[wʊd jʊ laɪk tə ˈduː sʌmθɪŋ təˈgeðə]
Vielen Dank für den wunderschönen Tag/Abend!	**Thanks for a lovely day/evening!**	[θæŋks fər ə ˈlʌvlɪ ˈdeɪ/ˈiːvnɪŋ]
Morgen um dieselbe Zeit?	**Tomorrow at the same time?**	[təˈmɒrəʊ æt ðə ˈseɪm ˈtaɪm]
Nein, ich fahre morgen wieder.	**No, tomorrow I'm moving on.**	[ˈnəʊ təˈmɒrəʊ aɪm muːvɪŋ ˈɒn]
Tut mir leid, aber ich muss jetzt gehen.	**I'm sorry, I've got to go now.**	[aɪm ˈsɒrɪ aɪv gɒt tə ˈgəʊ naʊ]
Bis morgen!	**See you tomorrow!**	[siː jʊ təˈmɒrəʊ]

i

In Großbritannien und Irland redet man beim Small Talk gerne über das wechselhafte Wetter, in den USA ist Sport ein sehr beliebtes Gesprächsthema. So kommt man in der Warteschlange oder in der Kneipe schnell auch mit Fremden ins Gespräch.

Abend	**evening**	[ˈiːvnɪŋ]
Alkohol	**alcohol**	[ælkəˈhɒl]
Arbeit	**work**	[wɜːk]
deutsch	**German**	[ˈdʒɜːmən]
Deutschland	**Germany**	[ˈdʒɜːmənɪ]
Diskothek	**disco**	[ˈdɪskəʊ]
Essen	**food**	[fuːd]
Ferien	**holidays** *UK pl/* **vacation** *US*	[ˈhɒlɪdeɪz/ vəˈkeɪʃn]
Feuerzeug	**lighter**	[ˈlaɪtə]
Frau	**woman**	[ˈwʊmən]
Freund	**friend/boyfriend**	[frend/ˈbɔɪfrend]
Freundin	**friend/girlfriend**	[frend/ˈgɜːlfrend]
früh	**early**	[ˈɜːlɪ]
Gedanke	**thought**	[θɔːt]
gestern	**yesterday**	[ˈjestədeɪ]
Getränk	**drink**	[drɪŋk]
Glas	**glass**	[glɑːs]
heiß	**hot**	[hɒt]
heute	**today**	[təˈdeɪ]
Hobby	**hobby**	[ˈhɒbɪ]
Hotel	**hotel**	[həʊˈtel]
joggen	**to go jogging**	[gəʊ ˈdʒɒgɪŋ]
Kinder	**children** *pl*	[ˈtʃɪldrən]
Kino	**cinema**	[ˈsɪnəmə]
letztes Jahr	**last year**	[lɑːst ˈjɪə]
Mittag	**noon**	[nuːn]
morgen	**tomorrow**	[təˈmɒrəʊ]
Nacht	**night**	[naɪt]
nächstes Jahr	**next year**	[nekst ˈjɪə]

Politik	**politics**	[ˈpɒlətɪks]
Regen	**rain**	[reɪn]
reisen	**to travel**	[ˈtrævl]
romantisch	**romantic**	[rəʊˈmæntɪk]
schlecht	**bad**	[bæd]
schön	**lovely**	[ˈlʌvlɪ]
schwül	**muggy**	[ˈmʌgɪ]
Sohn	**son**	[sʌn]
Sonne	**sun**	[sʌn]
spät	**late**	[leɪt]
spazieren	**to walk**	[wɔːk]
Sport	**sports**	[spɔːts]
sprechen	**to speak**	[spiːk]
stürmisch	**stormy**	[stɔːmɪ]
Tanz	**dance**	[dɑːns]
Temperatur	**temperature**	[ˈtemprətʃə]
Tochter	**daughter**	[ˈdɔːtə]
trinken	**to drink**	[drɪŋk]
Uhr	**clock**	[klɒk]
Uhrzeit	**time**	[taɪm]
Urlaub	**holiday** *UK/* **vacation** *US*	[ˈhɒlɪdeɪ/ vəˈkeɪʃn]
verliebt	**in love**	[ɪn ˈlʌv]
Verzeihung	**pardon**	[ˈpɑːdən]
wechselhaft	**changeable**	[ˈtʃeɪndʒəbl]
Wein	**wine**	[waɪn]
Wetter	**weather**	[ˈweðə]
Wetterbericht	**weather report**	[ˈweðə rɪˈpɔːt]
wunderschön	**lovely**	[ˈlʌvlɪ]
Zigarette	**cigarette**	[ˈsɪgəret]

Wo ist die nächste Telefonzelle?	**Where's the nearest phone box?**	[weəz ðə ˈnɪərəst ˈfəʊn bɒks]
Können Sie mir bitte eine Telefonkarte geben?	**I would like a phone-card *UK*/calling card *US*, please.**	[aɪ wʊd laɪk ə ˈfəʊnkɑ:d/ˈkɔ:lɪŋ kɑ:d pli:z]
Wie lautet die Vorwahl von ...?	**What's the area code for...?**	[wɒts ðə ˈeərɪə kəʊd fɔ:...]
Hier spricht ...	**... speaking.**	[... ˈspi:kɪŋ]
Mit wem spreche ich?	**With whom am I speaking?**	[wɪð ˈhu:m æm aɪ ˈspi:kɪŋ]
Ich möchte gerne Herrn/Frau ... sprechen.	**I would like to speak to Mr/Mrs...**	[aɪ wʊd laɪk tə ˈspi:k tʊ ˈmɪstə/ˈmɪsɪz...]
Ich verbinde Sie.	**I'll connect you.**	[aɪl kəˈnekt jʊ]
Einen Augenblick, bitte.	**Just a moment, please.**	[dʒʌst ə ˈməʊ-mənt pli:z]
Es tut mir leid, der Anschluss ist besetzt.	**I'm sorry the line is engaged.**	[aɪm ˈsɒrɪ ðə laɪn ɪz ɪnˈgeɪdʒd]
Könnte er/sie zurückrufen?	**Could he/she call me back?**	[kʊd hɪ/ʃɪ kɔ:l mɪ ˈbæk]

Er/Sie ist nicht da.	**He's/She's not in.**	[hi:z/ʃi:z nɒt ˈɪn]
Möchten Sie ihm/ihr eine Nachricht hinterlassen?	**Would you like to leave a message?**	[wʊd jʊ laɪk tə ˈli:v ə ˈmesɪdʒ]
Können Sie mir bitte Ihre Nummer geben?	**Could you please give me your number?**	[kʊd jʊ ˈpli:z gɪv mɪ jɔ: ˈnʌmbə]
Meine Telefon-nummer ist ...	**My telephone number is...**	[maɪ ˈtelɪfəʊn nʌmbə ɪz...]
Richten Sie ihm/ihr bitte Grüße aus.	**Please tell him/her I said hello.**	[pli:z ˈtel hɪm/hɜ:r aɪ sed həˈləʊ]
Tut mir leid, Sie haben sich verwählt.	**I'm sorry, you've dialled the wrong number.**	[aɪm ˈsɒrɪ jʊv ˈdaɪəld ðə rɒŋ ˈnʌmbə]
Wie ist Ihre Handy-nummer?	**What's your mobile *UK*/cell *US* number?**	[wɒts jɔ: ˈməʊbaɪl/ ˈsel nʌmbə]
Meinen Handyakku ist leer.	**My battery is flat.**	[maɪ ˈbætərɪ ɪz flæt]
Kann ich mein Handy bei Ihnen aufladen?	**Can I charge my mobile *UK*/cell phone *US* here?**	[kən aɪ tʃɑ:dʒ maɪ ˈməʊbaɪl/ˈsel fəʊn hɪə]

Eine internationale Telefonkarte, bitte.	**An international phonecard *UK*/calling card *US*, please.**	[ən ɪntəˈnæʃnəl ˈfəʊnkɑːd/ˈkɔːlɪŋ kɑːd pliːz]
Haben Sie Guthabenkarten der Mobilfunkgesellschaft ...?	**Have you got a top-up card for...?**	[həv jʊ gɒt ə ˈtɒpʌp kɑːd fə...]
Wo finde ich das nächste Internetcafé?	**Where's the nearest Internet café?**	[weəz ðə nɪərəst ˈɪntənet kæfeɪ]
Wie viel kostet eine Stunde/Viertelstunde?	**How much is it for an hour/quarter of an hour?**	[haʊ mʌtʃ ɪz ɪt fər ən ˈaʊə/ˈkwɔːtər əv ən ˈaʊə]
Wo kann ich ins Internet gehen?	**Where can I use the Internet?**	[weə kən aɪ ˈjuːz ðɪ ˈɪntənet]
Welchen Computer kann ich nutzen?	**Which computer can I use?**	[wɪtʃ kəmˈpjuːtə kən aɪ ˈjuːz]
Wie logge ich mich ein?	**How do I log on?**	[haʊ dʊ aɪ lɒg ˈɒn]
Verfügt das Zimmer über W-LAN?	**Does the room have Wi-Fi?**	[dʌz ðə ruːm hæv ˈwaɪfaɪ]
Ist der Internetzugang kostenlos?	**Is Internet access free of charge?**	[ɪz ˈɪntənet ækses friː əv ˈtʃɑːdʒ]

Wie bekomme ich Zugang zu Ihrem W-LAN Netzwerk?	**How do I connect to your Wi-Fi network?**	[haʊ dʊ aɪ kəˈnekt tə jɔː ˈwaɪfaɪ ˈnetwɜːk]
Ich möchte meine Mails checken/eine E-Mail senden.	**I'd like to check my emails/send an email.**	[aɪd laɪk tə tʃek maɪ ˈiːmeɪlz/send ən ˈiːmeɪl]
Kann ich von hier ein Fax senden/eine Seite ausdrucken?	**Can I send a fax/ print a page here?**	[kən aɪ send ə ˈfæks/prɪnt ə ˈpeɪdʒ hɪə]
Ich möchte etwas scannen.	**I'd like to scan something.**	[aɪd laɪk tə ˈskæn sʌmθɪŋ]
Ich habe Probleme mit dem Computer.	**I've got problems with my computer.**	[aɪv gɒt ˈprɒb-ləmz wɪð maɪ kəmˈpjuːtə]
Wie ist Ihre E-Mail Adresse?	**What's your email address?**	[wɒts jɔː ˈiːmeɪl əˈdres]

i

Die meisten Hotels bieten ihren Gästen mittlerweile Internetzugang, viele auch kostenlos. Die Zugangsdaten sind oft am Empfang ausgehängt oder dort zu erfragen. Auch Kneipen und Cafés bieten als W-LAN Hotspots oft kostenlosen Zugang zum Internet.

Akku	**battery**	[ˈbætərɪ]
anrufen	**to call**	[kɔːl]
aufladen	**to (re)charge**	[(riː)tʃɑːdʒ]
besetzt	**engaged**	[ɪnˈgeɪdʒd]
E-Mail	**email**	[ˈiːmeɪl]
E-Mailadresse	**email address**	[ˈiːmeɪl əˈdres]
Handy	**mobile phone** *UK/* **cell phone** *US*	[ˈməʊbaɪl fəʊn/ ˈsel fəʊn]
Handynummer	**mobile number**	[ˈməʊbaɪl ˈnʌmbə]
Internet	**Internet**	[ˈɪntənet]
Internetanschluss	**Internet connection**	[ˈɪntənet kəˈnekʃn]
kostenlos	**free of charge**	[friː əv ˈtʃɑːdʒ]
Ladegerät	**battery charger**	[ˈbætrɪ ˈtʃɑːdʒə]
Ladekabel	**charging cable**	[ˈtʃɑːdʒɪŋ keɪbl]
Laptop	**laptop**	[ˈlæptɒp]
Netzempfang	**mobile reception**	[ˈməʊbaɪl rɪˈsepʃn]
Ortsgespräch	**local call**	[ˈləʊkl kɔːl]
Prepaid-Karte	**top-up card**	[ˈtɒpʌp kɑːd]
SIM-Karte	**SIM card**	[ˈsɪm kɑːd]
Smartphone	**smartphone**	[ˈsmɑːtfəʊn]
SMS	**text (message)**	[tekst (ˈmesɪdʒ)]
telefonieren	**to make a phone call**	[meɪk ə ˈfəʊn kɔːl]
Telefonkarte	**phonecard** *UK/* **calling card** *US*	[ˈfəʊnkɑːd/ ˈkɔːlɪŋ kɑːd]
Telefonzelle	**phone box**	[ˈfəʊn bɒks]
USB-Stick	**USB stick**	[juːesˈbiː stɪk]
verbinden	**to connect**	[kəˈnekt]
Vorwahl	**area code**	[ˈeərɪə kəʊd]
wählen	**to dial**	[ˈdaɪəl]
W-LAN	**Wi-Fi**	[ˈwaɪfaɪ]

Reise & Verkehr

Entschuldigung, wo ist/sind ...?	**Excuse me, where's/ where are...?**	[ɪk'skjuːs miː weəz/'weər ɑː...]
Wie komme ich nach ...?	**How do I get to...?**	['haʊ dʊ aɪ 'get tʊ...]
Kennen Sie die ... Straße?	**Do you know where... Street is?**	[dʊ jʊ nəʊ weə... 'striːt ɪz]
Wo liegt bitte diese Adresse?	**Where is this address, please?**	[weə ɪz ðɪs ə'dres pliːz]
Können Sie mir bitte auf der Karte zeigen, wo ich bin?	**Could you please show me on the map where I am?**	[kʊd jʊ pliːz 'ʃəʊ mɪ ɒn ðə 'mæp weə aɪ æm]
Ist das die Straße nach ...?	**Does this street go to...?**	[dʌz ðɪs 'striːt gəʊ tʊ...]
Sie sind genau richtig.	**That's the right way.**	[ðæts ðə raɪt 'weɪ]
Dort drüben ist es.	**It's over there.**	[ɪts əʊvə 'ðeə]
Folgen Sie den Schildern, auf denen ... steht.	**Follow the signs that say...**	['fɒləʊ ðə 'saɪnz ðæt seɪ...]
Sie sind hier falsch.	**You're going the wrong way.**	[jɔː 'gəʊɪŋ ðə rɒŋ 'weɪ]

Sie sind auf der falschen Straße.	**You're on the wrong street.**	[jɔːr ɒn ðə rɒŋ ˈstriːt]
Sie müssen umkehren bis ...	**You have to go back to...**	[jʊ hæv tʊ gəʊ ˈbæk tʊ...]
Wie weit ist das?	**How far is it?**	[haʊ ˈfɑː ɪz ɪt]
Muss ich zu/nach ... fahren?	**Do I have to travel to...?**	[dʊ aɪ hæv tə ˈtrævl tʊ...]
Wie viele Kilometer sind es bis ...?	**How far is it to...?**	[haʊ ˈfɑː ɪz ɪt tʊ...]
Können Sie mir den Ort/die Straße bitte auf der Straßenkarte zeigen?	**Could you please show me the place/ street on the map?**	[kʊd jʊ pliːz ˈʃəʊ mɪ ðə ˈpleɪs/ˈstriːt ɒn ðə mæp]
Gibt es auch eine wenig befahrene Straße nach ...?	**Is there a less busy street to...?**	[ɪz ðeər ə les ˈbɪzɪ ˈstriːt tʊ...]
Gibt es dort eine Autobahn?	**Is there a motorway** ***UK*****/highway** ***US*** **there?**	[ɪz ðeər ə ˈməʊtəweɪ/ ˈhaɪweɪ ðeə]
Ist dort eine Brücke oder eine Fähre?	**Is there a bridge or ferry there?**	[ɪz ðeər ə ˈbrɪdʒ ɔː ˈferɪ ðeə]

Wie weit ist ...?	**How far is...?**	[haʊ fɑː ɪz...]
Wie lange brauche ich mit dem Auto dorthin?	**How long does it take to get there by car?**	[haʊ lɒŋ dʌz ɪt ˈteɪk tə ˈget ðeə baɪ ˈkɑː]
Wie lange brauche ich zu Fuß dorthin?	**How long does it take on foot?**	[haʊ lɒŋ dʌz ɪt ˈteɪk ɒn ˈfʊt]
Kann ich das Ziel bis heute Mittag/Abend/ Nacht erreichen?	**Can I get there by this afternoon/ evening/by tonight?**	[kən aɪ ˈget ðeə baɪ ðɪs ɑːftəˈnuːn/ ˈiːvnɪŋ/baɪ təˈnaɪt]
Fahren Sie geradeaus.	**Drive straight on.**	[draɪv ˈstreɪt ɒn]
Fahren Sie bis zur ersten/zweiten/ dritten Kreuzung.	**Drive to the first/ second/third junction *UK*/intersection *US*.**	[draɪv tʊ ðə ˈfɜːst/ ˈsekənd/ˈθɜːd ˈdʒʌŋkʃn/ ɪntərˈsekʃn]
Biegen Sie bei der Ampel rechts/ links ab.	**Turn right/left at the traffic lights.**	[tɜːn ˈraɪt/ˈleft æt ðə ˈtræfɪk ˈlaɪts]
Sie müssen über die Brücke und danach rechts/links abbiegen.	**Turn right/left after the bridge.**	[tɜːn ˈraɪt/ˈleft ˈɑːftə ðə ˈbrɪdʒ]
Überqueren Sie den Platz.	**Cross the square.**	[krɒs ðə ˈskweə]

Abfahrt	**exit**	[ˈeksɪt]
Ampel	**traffic lights** *pl*	[ˈtræfɪk laɪts]
die andere Seite	**the other side**	[ðɪ ˈʌðə saɪd]
Auffahrt	**slip road** *UK*/**ramp** *US*	[ˈslɪp rəʊd/ræmp]
Autobahn	**motorway** *UK*/ **highway** *US*	[ˈməʊtəweɪ/ ˈhaɪweɪ]
Brücke	**bridge**	[brɪdʒ]
danach	**after**	[ˈɑːftə]
davor	**before**	[bɪˈfɔː]
Dorf	**village**	[ˈvɪlɪdʒ]
Einbahnstraße	**one-way street**	[ˈwʌnweɪ striːt]
Fähre	**ferry**	[ˈferɪ]
falsch	**wrong**	[rɒŋ]
Fluss	**river**	[ˈrɪvə]

i

Die Briten sind normalerweise sehr zuvorkommend wenn es darum geht, Fremden den Weg zu zeigen. Bei der Beschreibung der Richtung wird oft das Wort „keep" (weitermachen) gebraucht. „Keep to the left/right" = „links/rechts halten"; „Keep going straight" = „Immer geradeaus".

gegenüber	**across from**	[əˈkrɒs frɒm]
hinter	**behind**	[bɪˈhaɪnd]
Kreisverkehr	**roundabout** *UK*/ **traffic circle** *US*	[ˈraʊndəbaʊt/ ˈtræfɪk ˈsɜːrkl]
Kreuzung	**junction** *UK*/ **intersection** *US*	[ˈdʒʌŋkʃn/ ɪntərˈsekʃn]
Landstraße	**country road**	[ˈkʌntrɪ rəʊd]
Landkarte	**map**	[mæp]

links	**left**	[left]
nächste/r/s	**next**	[nekst]
neben	**near**	[nɪə]
Norden	**north**	[nɔːθ]
Ort	**place**	[pleɪs]
Osten	**east**	[iːst]
parken	**to park**	[pɑːk]
rechts	**right**	[raɪt]
richtig	**right**	[raɪt]
Sackgasse	**dead end**	[ded ˈend]
Schnellstraße	**main road** ***UK/*** **expressway** ***US***	[meɪn ˈrəʊd/ ɪkˈspresweɪ]
Spur	**lane**	[leɪn]
Stadt	**town/city**	[taʊn/ˈsɪtɪ]
Stadtmitte	**city centre**	[ˈsɪtɪ ˈsentə]
Stau	**traffic jam**	[ˈtræfɪk dʒæm]
Straße	**street/road**	[striːt/rəʊd]
Straßenkarte	**(street) map**	[(ˈstriːt) mæp]
Straßenschild	**street sign**	[ˈstriːt saɪn]
Süden	**south**	[saʊθ]
Tankstelle	**filling station**	[ˈfɪlɪŋ steɪʃn]
umdrehen	**to turn round**	[tɜːn ˈraʊnd]
Umweg	**detour**	[ˈdiːtʊə]
verkehrt	**wrong**	[rɒŋ]
vor	**before/in front**	[bɪˈfɔː/ɪn ˈfrʌnt]
wenig befahren	**less busy**	[les ˈbɪzɪ]
Westen	**west**	[west]
wie lange	**how long**	[haʊ ˈlɒŋ]
wo	**where**	[weə]
Zentrum	**(city) centre**	[(ˈsɪtɪ) ˈsentə]

Ich suche eine Autovermietung.	**I'm looking for a car rental.**	[aɪm ˈlʊkɪŋ fər ə ˈkɑː rentəl]
Ich möchte ein Auto/einen Geländewagen mieten.	**I would like to rent a car/an off-road vehicle.**	[aɪ wʊd laɪk tə ˈrent ə ˈkɑː/ən ˈɒfrəʊd viːəkl]
Wo kann ich den Wagen zurückgeben?	**Where can I return the car?**	[weə kən aɪ rɪˈtɜːn ðə ˈkɑː]
Ist es möglich, den Wagen in ... abzugeben?	**Can I return the car in...?**	[kæn aɪ rɪˈtɜːn ðə ˈkɑː ɪn…]
Wie viele Meilen sind frei?	**How many miles are free?**	[haʊ menɪ ˈmeɪlz ɑː ˈfriː]
Wann/Wo kann ich den Wagen abholen?	**When/Where can I pick up the car?**	[ˈwen/ˈweə kən aɪ pɪk ʌp ðə ˈkɑː]
Ist der Wagen vollkaskoversichert?	**Is the car fully insured?**	[ɪz ðə ˈkɑː fʊlɪ ɪnˈʃʊəd]
Ich habe eine Panne.	**My car has broken down.**	[maɪ ˈkɑː həz ˈbrəʊkn daʊn]
Wissen Sie, wo hier eine Werkstatt ist?	**Do you know where I can find a garage here?**	[dʊ jʊ ˈnəʊ weə aɪ kən ˈfaɪnd ə ˈgærɑːʒ hɪə]

Würden Sie mich abschleppen?	**Can you tow me?**	[kæn jʊ ˈtəʊ mɪ]
Können Sie den Pannendienst rufen?	**Can you call the breakdown service?**	[kæn jʊ ˈkɔːl ðə ˈbreɪkdaʊn sɜːvɪs]
Ich glaube, der Auspuff ist defekt.	**I think there's something wrong with the exhaust.**	[aɪ ˈthɪŋk ðeəz sʌmθɪŋ ˈrɒŋ wɪð ðɪ eˈksɒst]
Der Wagen verliert Öl/Kühlflüssigkeit/Bremsflüssigkeit/Wasser.	**The car's losing oil/coolant/brake fluid/water.**	[ðə ˈkɑːz lʊzɪŋ ˈɔɪl/ˈkʊlənt/ˈbreɪk flʊɪd/ˈwɔːtə]
Die Heizung ist defekt. Sie geht nicht mehr an/aus.	**There's something wrong with the heating. I can't turn it on/off.**	[ðeəz sʌmθɪŋ ˈrɒŋ wɪð ðə ˈhiːtɪŋ aɪ ˈkɑːnt tɜːn ɪt ˈɒn/ˈɒf]
Können Sie mir bitte in etwa sagen, was das kosten wird?	**Can you please tell me roughly how much it will cost?**	[kæn jʊ pliːz ˈtel mɪ rʌflɪ haʊ ˈmʌtʃ ɪt wɪl kɒst]
Können Sie mir bitte einen Kostenvoranschlag machen?	**Can you please give me a price estimate?**	[kæn jʊ pliːz gɪv mɪ ə ˈpraɪs estɪmət]
Ich habe einen Platten.	**I've got a puncture** *UK*/**flat** *US*.	[aɪv got ə ˈpʌŋktʃə/ˈflæt]

Bitte kontrollieren Sie den Reifendruck/die Bremsflüssigkeit/das Kühlwasser/den Ölstand.	**Please check the tyre pressure/brake fluid/coolant/oil level.**	[pli:z ˈtʃek ðə ˈtaɪə preʃə/ˈbreɪk flʊɪd/ˈku:lənt/ˈɔɪl levl]
Bitte wechseln Sie die Zündkerzen/das Öl.	**Please change the spark plugs/oil.**	[pli:z ˈtʃeɪndʒ ðə ˈspɑ:k plʌgz/ˈɔɪl]
Gibt es hier eine Autowaschanlage?	**Is there a car wash here?**	[ɪz ðeər ə ˈkɑ: wɒʃ hɪə]
Wo ist die nächste Tankstelle?	**Where's the nearest filling station?**	[weəz ðə nɪərəst ˈfɪlɪŋ steɪʃn]
Wo kann man hier tanken?	**Where can I get petrol *UK*/gas *US*?**	[weə kən aɪ get ˈpetrəl/gæs]
Volltanken, bitte.	**Fill it up, please.**	[fɪl ɪt ˈʌp ˈpli:z]
Machen Sie bitte den Tank voll/halb voll.	**Please give me a full/half tank.**	[ˈpli:z gɪv mɪ ə ˈfʌl/ˈhɑ:f tæŋk]
Geben Sie mir 30 Liter Normalbenzin/Super/Diesel.	**Give me 30 litres of regular/super/diesel.**	[gɪv mɪ ˈθɜ:tɪ ˈli:təz əv ˈregjələ/ˈsju:pə/ˈdi:sl]
Wo kann ich meinen Wagen unterstellen?	**Where can I leave my car?**	[weə kən aɪ ˈli:v maɪ ˈkɑ:]

Ist die Garage die ganze Nacht geöffnet?	**Is the garage open all night?**	[ɪz ðə ˈgærɑːʒ əʊpən ɔːl ˈnaɪt]
Wie lange darf man hier parken?	**How long can I park here?**	[haʊ lɒŋ kən aɪ ˈpɑːk hɪə]
Wir sind mit dem Auto unterwegs.	**We're on the road.**	[wɪər ɒn ðə ˈrəʊd]
Ich fahre morgen früh weiter.	**I'm moving on tomorrow morning.**	[aɪm muːvɪŋ ˈɒn təmɒrəʊ ˈmɔːnɪŋ]
Welche Geschwindigkeitsbegrenzung gilt hier?	**What's the speed limit here?**	[wɒts ðə ˈspiːd lɪmɪt hɪə]
Muss man eine Autobahngebühr bezahlen?	**Do I have to pay a toll?**	[dʊ aɪ hæv tʊ peɪ ə ˈtəʊl]

i

Geschwindigkeitsbegrenzungen
1 Kilometer entspricht 0,62 Meilen. Zum Umrechnen der Geschwindigkeit kann man sich merken: 80 km/h sind 50 Stundenmeilen.
Großbritannien: *In Ortschaften 30 mph (48 km/h), außerhalb 60 mph (96 km/h), auf Autobahnen 70 mph (112 km/h). Die Abkürzung M steht für „motorway".*
USA: *In den USA gelten je nach Bundesstaat andere Höchstgeschwindigkeiten.*

Abblendlicht	**dipped headlights** *UK*/**low beams** *US pl*	[dɪpt ˈhedlaɪts/ ˈləʊ biːmz]
abschleppen	**to tow**	[təʊ]
Abschleppwagen	**breakdown lorry** *UK*/ **breakdown truck** *US*	[ˈbreɪkdaʊn lɒrɪ/ ˈbreɪkdaʊn trʌk]
anspringen	**to start up**	[stɑːt ˈʌp]
Auto	**car**	[kɑː]
Autobahnmaut	**motorway toll**	[ˈməʊtəweɪ təʊl]
Benzin	**petrol** *UK*/**gas** *US*	[ˈpetrəl/gæs]
Beule	**bump**	[bʌmp]
bleifrei	**unleaded**	[ʌnˈledɪd]
Blitzer	**speed trap**	[ˈspiːd træp]
Bußgeld	**fine**	[faɪn]
Diesel	**diesel**	[diːsl]
Führerschein	**driving licence** *UK*/ **driver's license** *US*	[ˈdraɪvɪŋ laɪsɪns/ ˈdraɪvərs laɪsɪns]
Gang	**gear**	[gɪə]
Kratzer	**scratch**	[skrætʃ]
Lack	**paint**	[peɪnt]
Normalbenzin	**regular unleaded**	[ˈregjələ ʌnˈledɪd]
Notrufsäule	**emergency tele-phone**	[ɪˈmɜːdʒənsɪ ˈtelɪfəʊn]
Oktanzahl	**octane number**	[ˈɒkteɪn nʌmbə]
Öl	**oil**	[ɔɪl]
Panne	**breakdown**	[ˈbreɪkdaʊn]
Pannendienst	**breakdown service**	[ˈbreɪkdaʊn sɜːvɪs]
Papiere	**papers** *pl*	[ˈpeɪpəz]
Parkplatz	**parking space**	[ˈpɑːkɪŋ speɪs]
Parkuhr	**parking meter**	[ˈpɑːkɪŋ miːtə]

Promillegrenze	**legal alcohol limit**	[ˈliːgl ælkəhɒl ˈlɪmɪt]
Radarkontrolle	**radar control**	[ˈreɪdɑː kəntrəʊl]
Raststätte	**services** *UK*/**rest stop** *US*	[ˈsɜːvɪsɪs/ˈrest stɒp]
Reifendruck	**tyre pressure**	[ˈtaɪə preʃə]
Schlüssel	**key**	[kiː]
Stau	**traffic jam**	[ˈtræfɪk dʒæm]
Straßenkarte	**street map**	[ˈstriːt mæp]
Superbenzin	**super**	[ˈsjuːpə]
Tachometer	**speedometer**	[spiːˈdɒmɪtə]
tanken	**to fill up**	[fɪl ˈʌp]
Tankstelle	**filling station**	[ˈfɪlɪŋ steɪʃn]
Teilkasko	**partial coverage**	[pɑːʃl ˈkʌvrɪdʒ]
überholen	**to overtake**	[əʊvəˈteɪk]
Umgehungsstraße	**bypass**	[ˈbaɪpɑːs]

Vorsicht beim Linksverkehr! Üben Sie am Anfang auf weniger befahrenen Strecken, bevor Sie sich ins Getümmel stürzen.

Umleitung	**detour**	[ˈdiːtʊə]
Versicherung	**insurance**	[ɪnˈʃʊərəns]
Vollkasko	**full coverage**	[fʊl ˈkʌvrɪdʒ]
Warndreieck	**warning triangle**	[ˈwɔːnɪŋ traɪæŋgl]
Waschanlage	**car wash**	[ˈkɑː wɒʃ]
Wegweiser	**road sign**	[ˈrəʊd saɪn]
Werkstatt	**garage**	[ˈgærɑːʒ]
Zündschlüssel	**ignition key**	[ɪgˈnɪʃn kiː]

Abschleppseil	**tow rope**	[ˈtəʊ rəʊp]
Airbag	**airbag**	[ˈeəbæg]
Antenne	**aerial**	[ˈeərɪəl]
Auspuff	**exhaust** *UK*/ **tailpipe** *US*	[ɪgˈzɔːst/ˈteɪlpaɪp]
Außenspiegel	**wing mirror** *UK*/**side-view mirror** *US*	[wɪŋ/saɪdvjuː ˈmɪrə]
Benzinkanister	**petrol can**	[ˈpetrəl kæn]
Bremsleuchte	**brake light** *UK*/ **stop light** *US*	[ˈbreɪk laɪt/ˈstɑːp laɪt]
Fensterheber (elektrisch)	**(electric) window regulator**	[(ɪlektrɪk) ˈwɪndəʊ ˈregjʊleɪtə]
Fernlicht	**full beams** *UK pl*/ **high beams** *US pl*	[ˈfʊl biːmz/ˈhaɪ biːmz]
Frontscheibe	**windscreen** *UK*/ **windshield** *US*	[ˈwɪndskriːn/ ˈwɪndʃiːld]
Handbremse	**handbrake**	[ˈhændbreɪk]
Handschuhfach	**glove box**	[ˈglʌv bɒks]
Heckscheibe	**rear window**	[ˈrɪə wɪndəʊ]
Heckscheibenheizung	**rear window heater**	[rɪə wɪndəʊ ˈhiːtə]
Heizung	**heating**	[ˈhiːtɪŋ]
Hupe	**horn**	[hɔːn]
Innenspiegel	**rear-view mirror**	[ˈrɪəvjʊ ˈmɪrə]
Kilometerzähler	**milometer**	[maɪˈlɒmɪtə]
Kofferraum	**boot** *UK*/**trunk** *US*	[buːt/trʌŋk]
Kreuzschlüssel	**wheel brace**	[ˈwiːl breɪs]
Kupplung	**clutch**	[klʌtʃ]
Lenkrad	**steering wheel**	[ˈstiːrɪŋ wiːl]
Licht	**light**	[laɪt]

Autoteile

Luftfilter	**air filter**	[ˈeə fɪltə]
Motor	**engine**	[ˈendʒɪn]
Motorhaube	**bonnet** *UK*/**hood** *US*	[ˈbɒnɪt/hʊd]
Navi	**satnav**	[ˈsætnæv]
Nummernschild	**number plate**	[ˈnʌmbə pleɪt]
Radio	**radio**	[ˈreɪdɪəʊ]
Reifen	**tyre**	[ˈtaɪə]
Rücksitz	**back seat**	[ˈbæk siːt]
Scheibenwischer	**windscreen** *UK*/ **windshield** *US* **wiper**	[ˈwɪndskriːn/ ˈwɪndʃiːld waɪpə]
Schiebedach	**sunroof**	[ˈsʌnruːf]
Schlauch	**tube**	[tjuːb]
Schloss	**lock**	[lɒk]
Sicherheitsgurt	**seat belt**	[ˈsiːt belt]
Sicherung	**fuse**	[fjuːz]
Sitz	**seat**	[siːt]
Sitzheizung	**seat heating**	[ˈsiːt hiːtɪŋ]
Standlicht	**parking light**	[ˈpɑːkɪŋ laɪt]
Stoßstange	**bumper**	[ˈbʌmpə]
Tachometer	**speedometer**	[spiːˈdɒmɪtə]
Tank	**tank**	[tæŋk]
Ventil	**valve**	[vælv]
Verbandskasten	**first-aid kit**	[fɜːstˈeɪd kɪt]
Vordersitz	**front seat**	[ˈfrʌnt siːt]
Wagenheber	**jack**	[dʒæk]
Warnblinker	**hazard lights** *pl*	[ˈhæzəd laɪts]
Warnleuchte	**warning light**	[ˈwɔːnɪŋ laɪt]
Winterreifen	**winter tyres** *pl*	[ˈwɪntə taɪəz]
Zündkerze	**spark plug**	[ˈspɑːk plʌg]

Wann fährt der nächste Zug nach ...?	**When does the next train to... leave?**	[wen dʌz ðə nekst ˈtreɪn tʊ... liːv]
Auf welchem Bahnsteig fährt der Zug ab?	**From which platform does the train leave?**	[frɒm wɪtʃ ˈplætfɔːm dʌz ðə treɪn ˈliːv]
Eine einfache Fahrt erster/zweiter Klasse, bitte.	**A single ticket please, first/ second class.**	[ə ˈsɪŋgl tɪkɪt pliːz ˈfɜːst/ˈsekənd klɑːs]
Eine Hin- und Rückfahrt nach ..., bitte.	**A return ticket to..., please.**	[ə rɪˈtɜːn ˈtɪkɪt tʊ... ˈpliːz]
Ich hätte gerne einen Fensterplatz/Gangplatz, bitte.	**I'd like a window seat/an aisle seat, please.**	[aɪd laɪk ə ˈwɪndəʊ siːt/ən ˈaɪl siːt ˈpliːz]
Wie teuer ist die Fahrkarte?	**How much is the ticket?**	[haʊ ˈmʌtʃ ɪz ðə ˈtɪkɪt]
Gibt es einen Speise-/ Schlafwagen?	**Is there a dining car/ sleeping car?**	[ɪz ðeər ə ˈdaɪnɪŋ kɑː/ˈsliːpɪŋ kɑː]
Gibt es eine Ermäßigung für Schüler/ Studenten/Familien?	**Is there a discount for students/ families?**	[ɪz ðeər ə ˈdɪskaʊnt fə ˈstjuːdnts/ ˈfæməliːz]

Muss ich einen Zuschlag bezahlen?	**Do I have to pay an extra charge?**	[dʊ aɪ hæv tə ˈpeɪ ən ˈekstrə ˈtʃɑːdʒ]
Hält der Zug in ...?	**Does the train stop in...?**	[dʌz ðə ˈtreɪn ˈstɒp ɪn...]
Wann kommen wir in ... an?	**When do we reach...?**	[wen dʊ wɪ ˈriːtʃ...]
Mein Zug hat Verspätung.	**My train is late.**	[maɪ ˈtreɪn ɪz ˈleɪt]
Muss ich umsteigen oder fährt der Zug direkt?	**Do I need to change trains or is it direct?**	[dʊ aɪ niːd tə ˈtʃeɪndʒ ˈtreɪns ɔːr ɪz ɪt dəˈrekt]
Erreiche ich noch den Anschlusszug?	**Will I make the connection?**	[wɪl aɪ ˈmeɪk ðə kəˈnekʃn]
Kann ich einen Platz reservieren?	**Can I reserve a seat?**	[kæn aɪ rɪˈzɜːv ə ˈsiːt]
Entschuldigen Sie, aber dieser Platz ist besetzt.	**Excuse me, this seat is taken.**	[ekˈskjuːz miː ðɪs ˈsiːt ɪz ˈteɪkən]
Wo ist der Fahrplan für die Abfahrten/die Ankünfte?	**Where are the departures and arrivals listed?**	[weər ɑː ðə dɪˈpɑːtʃəz ənd əˈraɪvlz ˈlɪstɪd]

Abfahrt	**departure**	[dɪˈpɑːtʃə]
Abfahrtszeit	**time of departure**	[ˈtaɪm əv dɪˈpɑːtʃə]
Abteil	**compartment**	[kəmˈpɑːtmənt]
ankommen	**to arrive**	[əˈraɪv]
Ankunft	**arrival**	[əˈraɪvl]
Anschluss	**connection**	[kəˈnekʃn]
aussteigen	**to get off**	[get ˈɒf]
Bahnhof	**station**	[ˈsteɪʃn]
Bahnsteig	**platform**	[ˈplætfɔːm]
besetzt	**taken**	[ˈteɪkn]
einsteigen	**to get on**	[get ˈɒn]
Ermäßigung	**discount**	[ˈdɪskaʊnt]
Fahrkarte	**ticket**	[ˈtɪkɪt]
Fahrkartenschalter	**ticket counter**	[ˈtɪkɪt kaʊntə]
Fahrplan	**timetable**	[ˈtaɪmteɪbl]
Fahrpreis	**fare**	[feə]
Fensterplatz	**window seat**	[ˈwɪndəʊ siːt]
frei	**free**	[friː]
Gang	**aisle**	[aɪl]
Gepäck	**luggage** *UK*/ **baggage** *US*	[ˈlʌgɪdʒ/ˈbægɪdʒ]
Gepäckaufbewahrung	**left luggage** *UK*/ **baggage storage** *US*	[left ˈlʌgɪdʒ/ ˈbægɪdʒ ˈstɔːrɪdʒ]
Gepäckschließfach	**luggage locker**	[ˈlʌgɪdʒ lɒkə]
Gleis	**rail/track**	[reɪl/træk]
Großraumwagen	**open carriage**	[əʊpn ˈkærɪdʒ]
Kofferkuli	**trolley** *UK*/**cart** *US*	[ˈtrɒlɪ/kɑːt]
Liegewagen	**couchette**	[kʊˈʃet]
Liegewagenkarte	**couchette reser- vation**	[kʊˈʃet rezəˈveɪʃn]

Lokomotive	**locomotive**	[ləʊkə'məʊtɪv]
nachlösen	**to buy a ticket en route**	[baɪ ə 'tɪkɪt ɒn 'ruːt]
Nichtraucherabteil	**non-smoking section**	['nɒnsməʊkɪŋ 'sekʃn]
Notbremse	**emergency brake**	[ɪ'mɜːdʒənsɪ breɪk]
Platzkarte	**seat reservation**	['siːt rezəveɪʃn]
Reisebegleiter	**travel companion**	['trævl kəm'pænjən]

Zwischen größeren Städten gibt es oft Verbindungen mit dem Überlandbus („coach"). Diese sind meist günstiger als die Fahrt mit dem Zug, dauern aber teils länger. Bei Bus und Zug lohnt es sich oft, das Ticket im Voraus zu kaufen.

Reservierung	**reservation**	[rezə'veɪʃn]
Rückfahrkarte	**return ticket**	[rɪ'tɜːn tɪkɪt]
Schaffner/in	**train conductor**	[treɪn kən'dʌktə]
Schlafwagen	**sleeping car**	['sliːpɪŋ kɑː]
Schnellzug	**express train**	[ɪk'spres treɪn]
Speisewagen	**dining carriage**	['daɪnɪŋ kærɪdʒ]
Steckdose	**power socket**	['paʊə sɒkɪt]
Toilette	**toilet**	['tɔɪlət]
umsteigen	**to change trains**	[tʃeɪndʒ 'treɪns]
Wagennummer	**carriage number**	['kærɪdʒ nʌmbə]
Waggon	**carriage**	['kærɪdʒ]
Wartesaal	**waiting room**	['weɪtɪŋ ruːm]
Zug	**train**	[treɪn]
Zuschlag	**extra charge**	['ekstrə tʃɑːdʒ]

Bitte für Montag einen Flug nach ...!	**I would like a flight on Monday to... please.**	[aɪ wʊd laɪk ə flaɪt ɒn ˈmʌndeɪ tʊ... ˈpli:z]
Einen Hin- und Rückflug nach ..., bitte.	**A return flight to..., please.**	[ə rɪˈtɜ:n flaɪt tʊ... ˈpli:z]
Einen Linienflug/ einen Charterflug, bitte.	**A scheduled/ charter flight, please.**	[ə ˈʃedju:ld/ˈtʃɑ:tə flaɪt ˈpli:z]
Ich möchte diesen Flug bitte bestätigen/ umbuchen/stornieren.	**I'd like to confirm/ change/cancel this flight.**	[aɪd laɪk tə kənˈfɜ:m/ˈtʃeɪndʒ/ ˈkænsl ðɪs ˈflaɪt]
Wann muss ich am Flughafen sein?	**When should I be at the airport?**	[ˈwen ʃʊd aɪ bi: æt ðɪ ˈeəpɔ:t]
Wie viel Handgepäck darf ich mitnehmen?	**How much hand luggage can I take?**	[haʊ mʌtʃ ˈhænd lʌgɪdʒ kən aɪ ˈteɪk]
Wann geht bitte der Anschlussflug?	**When does the connecting flight leave, please?**	[ˈwen dʌz ðə kəˈnektɪŋ flaɪt ˈli:v pli:z]
Zu welchem Flugsteig muss ich gehen?	**Which gate should I go to?**	[wɪtʃ ˈgeɪt ʃʊd aɪ ˈgəʊ tʊ]

Gibt es eine Flugverbindung nach ...?	**Is there a flight to...?**	[ɪz ðeər ə flaɪt tʊ...]
Gibt es auf dem Flug eine Zwischenlandung?	**Is there a stop-over?**	[ɪz ðeər ə ˈstɒpəʊvə]
Gibt es einen Bus/Zug/eine U-Bahn zum Flughafen?	**Is there a bus/train/underground line to the airport?**	[ɪz ðeər ə ˈbʌs/ˈtreɪn/ˈʌndəgraʊnd ˈlaɪn tʊ ðɪ ˈeəpɔːt]
Wo ist der Schalter von ...?	**Where's the... desk?**	[ˈweəz ðə... desk]
Ist der Flug aus ... schon gelandet?	**Has the flight from... landed?**	[hæz ðə ˈflaɪt frɒm... ˈlændɪd]
Ist der Flug nach ... schon aufgerufen worden?	**Has there been a boarding call for the flight to...?**	[hæz ðeə biːn ə ˈbɔːdɪŋ kɔːl fə ðə ˈflaɪt tʊ...]
Können Sie mir bitte sagen, wo Flugsteig Nr. ... ist?	**Can you please tell me where gate... is?**	[kən jʊ pliːz ˈtel mɪ weə ˈgeɪt... ˈɪz]
Ich möchte diesen Koffer als Gepäck aufgeben.	**I'd like to check this case as luggage.**	[aɪd laɪk tə ˈtʃek ðɪs ˈkeɪs əz ˈlʌgɪdʒ]

Öffnen Sie bitte den Koffer.	**Open the suitcase, please.**	[əʊpn ðə ˈsuːtkeɪs pliːz]
Mein Gepäck ist leider beschädigt worden.	**My luggage has been damaged.**	[maɪ ˈlʌgɪdʒ həz biːn ˈdæmɪdʒd]
An wen kann ich mich wenden?	**Whom should I speak to?**	[ˈhuːm ʃʊd aɪ ˈspiːk ˈtʊ]
Ich vermisse mein Gepäck!	**I didn't get my luggage!**	[aɪ ˈdɪdnt get maɪ ˈlʌgɪdʒ]
Bitte anschnallen.	**Please fasten your seat belts.**	[ˈpliːz ˈfɑːsn jɔː ˈsiːt belts]
Bringen Sie mir bitte etwas zu trinken?	**Would you bring me a drink, please?**	[wʊd jʊ ˈbrɪŋ mɪ ə ˈdrɪŋk pliːz]
Haben Sie ein Mittel gegen Reiseübelkeit?	**Have you got something for travel sickness?**	[həv jʊ gɒt ˈsʌmθɪŋ fə ˈtrævl ˈsɪknɪs]
Mir ist übel.	**I don't feel well.**	[aɪ dəʊnt ˈfiːl wel]
Die Maschine hat leider Verspätung.	**The flight is delayed.**	[ðə ˈflaɪt ɪz dɪˈleɪd]
Der Flug fällt leider aus.	**The flight has been cancelled.**	[ðə ˈflaɪt həz biːn ˈkænsld]

Abflug	**departure**	[dɪˈpɑːtʃə]
Ankunft	**arrival**	[əˈraɪvl]
Ankunftszeit	**arrival time**	[əˈraɪvl taɪm]
Anschlussflug	**connecting flight**	[kəˈnektɪŋ flaɪt]
anschnallen	**to fasten the seat belt**	[ˈfɑːsn ðə ˈsiːt belt]
Ausweis	**ID card**	[aɪˈdiː kɑːd]
bestätigen	**to confirm**	[kənˈfɜːm]
(an) Bord	**(on) board**	[(ɒn) ˈbɔːd]
Bordkarte	**boarding pass**	[ˈbɔːdɪŋ pɑːs]
buchen	**to book**	[bʊk]
Buchung	**booking**	[ˈbʊkɪŋ]
Charterflug	**charter flight**	[ˈtʃɑːtə flaɪt]
Direktflug	**direct flight**	[daɪˈrekt flaɪt]
Economyclass	**economy class**	[ɪˈkɒnəmɪ klɑːs]
einchecken	**to check in**	[tʃek ˈɪn]
Fensterplatz	**window seat**	[ˈwɪndəʊ siːt]
Flug	**flight**	[flaɪt]
Flugbegleiter/in	**steward/stewardess**	[ˈstjʊəd/stjʊəˈdes]
Fluggesellschaft	**airline**	[ˈeəlaɪn]
Flughafen	**airport**	[ˈeəpɔːt]
Flughafenbus	**airport bus**	[ˈeəpɔːt bʌs]
Flughafengebühr	**airport fee**	[ˈeəpɔːt fiː]
Flugschein	**ticket**	[ˈtɪkɪt]
Flugsteig	**gate**	[geɪt]
Flugzeug	**airplane**	[ˈeəpleɪn]
Gang	**aisle**	[aɪl]
Gepäck	**luggage**	[ˈlʌgɪdʒ]
Gepäckausgabe	**luggage claim**	[ˈlʌgɪdʒ kleɪm]
Handgepäck	**hand luggage**	[ˈhænd lʌgɪdʒ]

Inlandsflug	**domestic flight**	[dəˈmestɪk flaɪt]
Koffer	**suitcase**	[ˈsuːtkeɪs]
Kofferkuli	**trolley** *UK*/**cart** *US*	[ˈtrɒlɪ/kɑːrt]
landen	**to land**	[lænd]
Landung	**landing**	[ˈlændɪŋ]
Linienflug	**scheduled flight**	[ˈʃedjuːld ˈflaɪt]
Nichtraucher	**non-smoker**	[nɒnˈsməʊkə]

Um den Reisenden darüber zu informieren, dass das Flugzeug bereitgestellt ist, erscheint auf dem Monitor mit den Flugzeiten neben der Flugnummer der Ausdruck „Now Boarding".

Notausgang	**emergency exit**	[ɪˈmɜːdʒənsɪ ˈeksɪt]
Notlandung	**emergency landing**	[ɪˈmɜːdʒənsɪ ˈlændɪŋ]
Passagier/in	**passenger**	[ˈpæsɪndʒə]
Pilot/in	**pilot**	[ˈpaɪlət]
Reiseziel	**destination**	[destɪˈneɪʃn]
Rückflug	**return flight**	[rɪˈtɜːn flaɪt]
Schwimmweste	**life vest**	[ˈlaɪf vest]
Sicherheitskontrolle	**safety check**	[ˈseɪftɪ tʃek]
stornieren	**to cancel**	[kænsl]
umbuchen	**to change**	[tʃeɪndʒ]
Verspätung	**delay**	[dɪˈleɪ]
Zoll	**customs**	[ˈkʌstəmz]
zollfrei	**duty-free**	[djʊtɪˈfriː]
Zwischenlandung	**stopover**	[ˈstɒpəʊvə]

Wo bitte ist die nächste Bus-/Tram-/S-Bahn-/U-Bahnhaltestelle?	**Could you please tell me where the nearest bus/tram/train/underground stop is?**	[kʊd jʊ pliːz ˈtel mɪ weə ðə ˈnɪərəst ˈbʌs/ˈtræm/ˈtreɪn/ˈʌndəgraʊnd stɒp ɪz]
Wo kann ich einen Fahrschein kaufen?	**Where can I buy a ticket?**	[weə kən aɪ ˈbaɪ ə ˈtɪkɪt]
Bitte einen Fahrschein nach ...	**A ticket to... please.**	[ə ˈtɪkɪt tʊ... ˈpliːz]
Welcher Bus/welche Bahn fährt nach ... ?	**Which bus/train goes to...?**	[wɪtʃ ˈbʌs/ˈtreɪn gəʊz tʊ...]
Entschuldigen Sie, ist dies der Bus nach ...?	**Excuse me, is this the bus to...?**	[ɪkˈskjuːz miː ɪz ˈðɪs ðə ˈbʌs tʊ...]
Wann/wo fährt der Bus ab?	**When/where does the bus leave?**	[ˈwen/ˈweə dʌz ðə ˈbʌs ˈliːv]
Wann/wo bitte fährt die erste/letzte U-Bahn nach ...?	**When/where does the first/last underground to... leave, please?**	[ˈwen/ˈweə dʌz ðə fɜːst/lɑːst ˈʌndəgraʊnd tʊ... ˈliːv pliːz]
Sagen Sie mir bitte, wo ich aussteigen muss?	**Could you tell me where to get off, please?**	[kʊd jʊ ˈtel mɪ weə tə get ˈɒf pliːz]

Abfahrt	**departure**	[dɪˈpɑːtʃə]
anhalten	**to stop**	[stɒp]
Ankunft	**arrival**	[əˈraɪvl]
Ausgang	**exit**	[ˈeksɪt]
ausrufen	**to announce**	[əˈnaʊns]
aussteigen	**to get off**	[get ˈɒf]
Bahnsteig	**platform**	[ˈplætfɔːm]
behindertengerecht	**accessible for the disabled**	[əkˈsesəbl fə ðə dɪsˈeɪbld]
Bus	**bus**	[bʌs]
Busbahnhof	**coach/bus station**	[ˈkəʊtʃ/ˈbʌs steɪʃn]
Busfahrer/in	**bus driver**	[ˈbʌs draɪvə]
Bushaltestelle	**bus stop**	[ˈbʌs stɒp]
Buslinie	**bus line**	[ˈbʌs laɪn]
Eingang	**entrance**	[ˈentrəns]
einsteigen	**to get on**	[get ˈɒn]
Endstation	**terminus**	[ˈtɜːmɪnəs]
entwerten	**to validate**	[ˈvælɪdeɪt]
Fahrgast	**passenger**	[ˈpæsɪndʒə]
Fahrkarte	**ticket**	[ˈtɪkɪt]
Fahrkartenautomat	**ticket machine**	[ˈtɪkɪt məʃiːn]
Fahrkartenkontrolleur	**ticket inspector**	[ˈtɪkɪt ɪnspektə]
Fahrplan	**timetable**	[ˈtaɪmteɪbl]
Fahrpreis	**fare**	[feə]
Fahrschein	**ticket**	[ˈtɪkɪt]
Fahrscheinentwerter	**ticket punch**	[ˈtɪkɪt pʌntʃ]
Gruppenrabatt	**group discount**	[ˈgruːp ˈdɪskaʊnt]
halten	**to stop**	[stɒp]
Haltestelle	**stop**	[stɒp]
Nachtbus	**night bus**	[ˈnaɪt bʌs]

Nachtfahrplan	**night timetable**	['naɪt taɪmteɪbl]
Netzkarte	**zone card**	['zəʊn kɑːd]
öffentlicher Nahverkehr	**public transport**	['pʌblɪk 'trænspɔːt]
Richtung	**direction**	[dɪ'rekʃn]
S-Bahn	**local train**	['ləʊkl treɪn]
S-Bahnstation	**train station**	['treɪn steɪʃn]
Straßenbahn	**tram** *UK*/ **streetcar** *US*	[træm/'striːtkɑːr]
Tageskarte	**day ticket**	['deɪ tɪkɪt]
Tarifzone	**tariff zone**	['tærɪf zəʊn]
Taxi	**taxi/cab**	['tæksɪ/kæb]
Taxifahrer/in	**taxi driver**	['tæksɪ draɪvə]
Taxistand	**taxi rank** *UK*/ **taxi stand** *US*	['tæksɪ ræŋk/ 'tæksɪ stænd]
Trinkgeld	**tip**	[tɪp]
U-Bahn	**underground** *UK*/ **subway** *US*	['ʌndəgraʊnd/ 'sʌbweɪ]
U-Bahnstation	**underground station**	['ʌndəgraʊnd steɪʃn]

Falls Sie in London eine U-Bahn-Haltestelle suchen, halten Sie Ausschau nach dem Wort „UNDERGROUND" auf einem weißen Schild mit rotem Kreis.

Überlandbus	**coach**	['kəʊtʃ]
umsteigen	**to change**	[tʃeɪndʒ]
Wochenkarte	**weekly ticket**	['wiːklɪ 'tɪkɪt]

Übernachten & Wohnen

Können Sie mir ein Hotel empfehlen?	**Can you recommend a hotel?**	[kən jʊ rekəˈmend ə həʊˈtel]
Es soll komfortabel/preisgünstig/zentral gelegen/in Strandnähe sein.	**It has to be comfortable/affordable/central/near the beach.**	[ɪt hæz tə bɪ ˈkʌmftəbl/əˈfɔːdəbl/ˈsentrəl/nɪə ðə ˈbiːtʃ]
Hat das Hotel einen eigenen Pool/Zugang zum Strand?	**Does the hotel have a private pool/beach access?**	[dʌz ðə həʊˈtel hæv ə ˈpraɪvət ˈpuːl/ˈbiːtʃ ˈækses]
Wo ist das Hotel ...?	**Where is the... hotel?**	[weər ɪz ðə... həʊˈtel]
Haben Sie noch ein Zimmer frei?	**Do you have a room?**	[dʊ jʊ hæv ə ˈruːm]
Nein, wir sind leider belegt.	**No, I'm afraid we're fully booked.**	[ˈnəʊ aɪm əˈfreɪd wɪə ˈfʊlɪ bʊkt]
Für eine Nacht/2 Tage/eine Woche.	**For one night/2 days/one week.**	[fə ˈwʌn ˈnaɪt/ˈtuː ˈdeɪz/ˈwʌn ˈwiːk]
Wie viel kostet das Zimmer pro Tag/Woche mit Frühstück/Halbpension/Vollpension?	**How much does the room cost per day/per week with breakfast/half board/full board?**	[haʊ ˈmʌtʃ dʌz ðə ˈruːm ˈkɒst pɜː ˈdeɪ/pɜː ˈwiːk wɪð ˈbrekfəst/ˈhɑːf ˈbɔːd/fʊl ˈbɔːd]

Ich hätte gerne ein Einzelzimmer/Doppelzimmer (mit Dusche/mit Bad).	**I'd like a single/double room (with shower/en suite).**	[aɪd laɪk ə ˈsɪŋgl/ˈdʌbl ruːm (wɪð ˈʃaʊə/ɒ̃ ˈswiːt)]
Ich habe ein Zimmer auf den Namen ... reservieren lassen.	**I have a reservation here under the name...**	[aɪ hæv ə rezəˈveɪʃn ˈhɪə ʌndə ðə ˈneɪm...]
Bitte lassen Sie mein Gepäck auf mein Zimmer bringen.	**Please have my luggage brought to my room.**	[pliːz hæv maɪ ˈlʌgɪdʒ ˈbrɔːt tʊ maɪ ˈruːm]
Wo kann ich meine Wertsachen aufbewahren lassen?	**Where can I leave my valuables for safe keeping?**	[weə kən aɪ ˈliːv maɪ ˈvæljuəblz fə seɪf ˈkiːpɪŋ]
Bitte den Schlüssel für Zimmer Nr. ...	**The key to room..., please.**	[ðə ˈkiː tə ˈruːm... ˈpliːz]
Wo kann ich bitte telefonieren?	**Where can I make a phone call, please?**	[weə kən aɪ ˈmeɪk ə ˈfəʊn kɔːl pliːz]
Bitte wecken Sie mich morgen früh um ... Uhr.	**Please wake me at... o'clock tomorrow.**	[pliːz ˈweɪk mɪ ət... əˈklɒk təˈmɒrəʊ]
Wann sind die Essenszeiten?	**When are meal times?**	[wen ɑː ˈmiːl taɪmz]

Wo kann man frühstücken?	**Where is breakfast served?**	[weər ɪz ˈbrekfəst ˈsɜːvd]
Bringen Sie mir das Frühstück bitte auf mein Zimmer.	**Please bring breakfast to my room.**	[pliːz brɪŋ ˈbrekfəst tə maɪ ˈruːm]
Würden Sie mir bitte ... bringen?	**Would you please bring me...?**	[wʊd jʊ pliːz ˈbrɪŋ mɪ...]
Ich bin sehr zufrieden.	**I'm very pleased.**	[aɪm verɪ ˈpliːzd]
Das Zimmer gefällt mir/uns.	**I/we like the room.**	[aɪ/wɪ ˈlaɪk ðə ˈruːm]
Das Essen ist hervorragend.	**The food is excellent.**	[ðə ˈfuːd ɪz ˈeksələnt]
Ich habe sehr gut geschlafen.	**I slept very well.**	[aɪ ˈslept verɪ ˈwel]
Das Personal ist sehr höflich.	**The staff are *UK*/is *US* very courteous.**	[ðə ˈstɑːf ɑː/ɪz verɪ ˈkɜːtjəs]
Ich habe eine Reklamation.	**I have a complaint to make.**	[aɪ hæv ə kəmˈpleɪnt tʊ ˈmeɪk]
Ich bin mit dem Service unzufrieden.	**I'm not satisfied with the service.**	[aɪm nɒt ˈsætɪsfaɪd wɪð ðə ˈsɜːvɪs]

Es kommt kein (warmes) Wasser.	**There's no (hot) water.**	[ðeəz nəʊ (hɒt) ˈwɔːtə]
Das Zimmer wurde nicht gereinigt.	**The room hasn't been cleaned.**	[ðə ˈruːm hæznt biːn ˈkliːnd]
Die Dusche/das Licht/ die Heizung funktioniert nicht.	**The shower/ light/heating doesn't work.**	[ðə ˈʃaʊə/ˈlaɪt/ ˈhiːtɪŋ dʌznt ˈwɜːk]
Die Matratze ist sehr unbequem.	**The mattress is uncomfortable.**	[ðə ˈmætrəs ɪz ʌnˈkʌmftəbl]
Der Abfluss/die Toilette ist verstopft.	**The drain/toilet is blocked.**	[ðə ˈdreɪn/ˈtɔɪlət ɪz ˈblɒkt]
Das Essen ist ungenießbar.	**The food is disgusting.**	[ðə ˈfuːd ɪz dɪsˈgʌstɪŋ]
Machen Sie bitte die Rechnung für mich fertig.	**Please prepare my bill *UK*/check *US*.**	[pliːz prɪˈpeə maɪ ˈbɪl/ˈtʃek]
Kann ich auch mit Kreditkarte bezahlen?	**Can I pay by credit card?**	[kən aɪ ˈpeɪ baɪ ˈkredɪt kɑːd]
Vielen Dank für alles/ Ihre Mühe!	**Thank you for everything/your care!**	[ˈθæŋk jʊ fə ˈevrɪθɪŋ/jɔː ˈkeə]

Abendessen	**dinner**	[ˈdɪnə]
Abreise	**departure**	[dɪˈpɑːtʃə]
Adapter	**adapter**	[əˈdæptə]
Ankunft	**arrival**	[əˈraɪvl]
Anmeldung	**reception**	[rɪˈsepʃn]
Anzahlung	**deposit**	[dɪˈpɒzɪt]
Aschenbecher	**ashtray**	[ˈæʃtreɪ]
Ausgang	**exit**	[ˈeksɪt]
Badezimmer	**bathroom**	[ˈbɑːθruːm]
Balkon	**balcony**	[ˈbælkənɪ]
Beanstandung	**complaint**	[kəmˈpleɪnt]
Bedienung	**service**	[ˈsɜːvɪs]
Bett	**bed**	[bed]
Bettdecke	**duvet**	[ˈduːveɪ]
Bettvorleger	**bedside rug**	[ˈbedsaɪd rʌg]
Bettwäsche	**bedlinen**	[ˈbedlɪnɪn]
Dusche	**shower**	[ˈʃaʊə]

Sehr typisch für Großbritannnien und Irland sind die „bed and breakfast" oder „B&B" genannten Pensionen, in denen man familiärer und günstiger wohnt als in einem Hotel. Das normalerweise reichhaltige Frühstück ist hier im Preis inbegriffen.

Eingang	**entrance**	[ˈentrəns]
einziehen	**to take a room**	[teɪk ə ˈruːm]
Empfang	**reception**	[rɪˈsepʃn]
Empfangschef	**reception clerk**	[rɪˈsepʃn ˈklɑːk]
Erkundigung	**enquiry**	[ɪnˈkwaɪərɪ]
Etage	**floor**	[flɔː]

Fahrstuhl	**lift** *UK*/**elevator** *US*	[lɪft/ˈelɪveɪtər]
Fenster	**window**	[ˈwɪndəʊ]
Fitnessraum	**exercise room**	[ˈeksəsaɪz ruːm]
Frühstück	**breakfast**	[ˈbrekfəst]
Frühstücksraum	**breakfast room**	[ˈbrekfəst ruːm]
Glühbirne	**light bulb**	[ˈlaɪt bʌlb]
Halbpension	**half board** *UK*/ **modified American plan** *US*	[hɑːf ˈbɔːd/ ˈmɒdɪfaɪd əˈmerɪkən plæn]
Handtuch	**towel**	[ˈtaʊəl]
Heizung	**heating**	[ˈhiːtɪŋ]
Hotel	**hotel**	[həʊˈtel]
Keller	**cellar**	[ˈselə]
Klimaanlage	**air conditioning**	[ˈeə kəndɪʃənɪŋ]
Klingel	**bell**	[bel]
Kopfkissen	**pillow**	[ˈpɪləʊ]
Korridor	**corridor**	[ˈkɒrɪdɔː]
Lampe	**lamp**	[læmp]
Lichtschalter	**light switch**	[ˈlaɪt swɪtʃ]
Liegewiese	**lawn**	[lɔːn]
Lüftung	**ventilation**	[ventɪˈleɪʃn]
Mittagessen	**lunch**	[lʌntʃ]
Nachttisch	**bedside table**	[bedsaɪd ˈteɪbl]
Netzspannung	**voltage**	[ˈvəʊltɪdʒ]
Pförtner	**porter**	[ˈpɔːtə]
Preis	**price**	[praɪs]
Rechnung	**bill** *UK*/**check** *US*	[bɪl/tʃek]
Reiseleiter/in	**(tour) guide**	[(tʊə) gaɪd]
Restaurant	**restaurant**	[ˈrestrɒnt]
Rezeption	**reception**	[rɪˈsepʃn]

Saison	**season**	[ˈsiːzn]
Sauna	**sauna**	[ˈsɔːnə]
Schlüssel	**key**	[kiː]
Schrank	**wardrobe** *UK*/ **closet** *US*	[ˈwɔːdrəʊb/ ˈklɒzɪt]
Sicherung	**fuse**	[fjuːz]
Speisesaal	**dining room**	[ˈdaɪnɪŋ ruːm]
Spiegel	**mirror**	[ˈmɪrə]
Stuhl	**chair**	[tʃeə]
Swimmingpool	**swimming pool**	[ˈswɪmɪŋ puːl]
Telefon	**telephone**	[ˈtelɪfəʊn]
Terrasse	**terrace**	[ˈterɪs]
Tisch	**table**	[ˈteɪbl]
Toilette	**toilet**	[ˈtɔɪlət]
Treppe	**staircase**	[ˈsteəkeɪs]
Tür	**door**	[dɔː]
Türschloss	**lock**	[lɒk]
Übernachtung	**overnight stay**	[ˈəʊvənaɪt ˈsteɪ]
umziehen	**to move**	[muːv]
Unterkunft	**accommodation**	[əkɒməˈdeɪʃn]
Ventilator	**fan**	[fæn]
Verlängerungsschnur	**extension cable**	[ɪkˈstenʃn keɪbl]
Verlängerungswoche	**week's extension**	[ˈwiːks ɪkˈstenʃn]
Vollpension	**full board** *UK*/ **American plan** *US*	[fʊl ˈbɔːd/ əˈmerɪkən plæn]
Wand	**wall**	[wɔːl]
Waschbecken	**washbasin**	[ˈwɒʃbeɪsɪn]
Wasserhahn	**tap** *UK*/**faucet** *US*	[tæp/ˈfɔːsɪt]
Zimmer	**room**	[ruːm]
Zimmermädchen	**(chamber)maid**	[(ˈtʃeɪmbə)meɪd]

Das Abendessen gibt es von ... bis ...	**Dinner is from... to...**	[ˈdɪnə ɪz frɒm... tʊ...]
Bitte legen Sie benutzte Badetücher auf den Boden.	**Please put used towels on the floor.**	[ˈpliːz pʊt juːzd ˈtaʊəlz ɒn ðə ˈflɔː]
Die Sauna ist von 17 bis 22 Uhr geöffnet.	**The sauna is open from 5 to 10 p.m.**	[ðə ˈsɔːnə ɪz ˈəʊpn frɒm ˈfaɪv tə ˈten ˈpiː ˈem]
Unseren Weckruf können Sie an der Rezeption bestellen.	**Wake-up call service available at the desk.**	[weɪkʌp ˈkɔːl ˈsɜːvɪs əˈveɪləbl æt ðə ˈdesk]
Den Zimmerschlüssel geben Sie beim Verlassen des Hotels bitte an der Rezeption ab.	**Please leave your key at reception when leaving.**	[pliːz ˈliːv jɔː ˈkiː æt rɪˈsepʃn wen ˈliːvɪŋ]
Ein Notausgang befindet sich am Ende eines jeden Flures.	**There's an emergency exit at the end of every corridor.**	[ðeəz ən ɪˈmɜːdʒənsɪ eksɪt ət ðɪ ˈend əv evrɪ ˈkɒrɪdɔː]

i

Das einfache Frühstück mit Müsli und Toast heißt in Großbritannien „continental breakfast". Oft wird in Hotels das herzhafte „English breakfast" oder „full breakfast" serviert.

Gibt es in der Nähe einen Campingplatz?	**Is there a campsite in the area?**	[ɪz ðeər ə ˈkæmpsaɪt ɪn ðɪ ˈeərɪə]
Vermieten Sie auch Wohnwagen?	**Do you rent caravans?**	[dʊ jʊ rent ˈkærəvænz]
Haben Sie noch Platz für ein Zelt/einen Wohnwagen?	**Have you got space for a tent/ caravan?**	[hæv jʊ gɒt ˈspeɪs fər ə ˈtent/ ˈkærəvæn]
Können wir hier zelten?	**Can we camp here?**	[kən wɪ ˈkæmp hɪə]
Können wir einen Platz im Schatten erhalten?	**Can we get a spot in the shade?**	[kən wɪ get ɔ ˈspɒt ɪn ðə ˈʃeɪd]
Wie hoch ist die Gebühr für ein Auto/ einen Wohnwagen/ ein Zelt?	**How much is it for a car/caravan/tent?**	[haʊ mʌtʃ ˈɪz ɪt fər ə ˈkɑː/ˈkærəvæn/ ˈtent]
Wie hoch ist die Gebühr pro Übernachtung/pro Kopf?	**How much is it per night/per person?**	[haʊ ˈmʌtʃ ɪz ɪt pə ˈnaɪt/pə ˈpɜːsn]
Kosten die Duschen extra?	**Are the showers extra?**	[ɑː ðə ˈʃaʊəz ˈekstrə]

Welche Öffnungszeiten hat die Campingplatz-Verwaltung?	**When is the campsite office open?**	[wen ɪz ðə ˈkæmpsaɪt ɒfɪs ˈəʊpn]
Ich bleibe ... Tage/Wochen.	**I'm staying... days/weeks.**	[aɪm ˈsteɪɪŋ... ˈdeɪz/ˈwi:ks]
Kann ich hier Gasflaschen ausleihen/tauschen?	**Can I borrow/trade a gas cylinder here?**	[kən aɪ ˈbɒrəʊ/ˈtreɪd ə ˈgæs sɪlɪndə hɪə]
Gibt es hier einen Stromanschluss/eine Spüle?	**Is there electricity/a sink here?**	[ɪz ðeə ɪlekˈtrɪsətɪ/ə ˈsɪŋk ˈhɪə]
Beträgt die Spannung 220 oder 110 Volt?	**Have you got 220 or 110 volts?**	[həv jʊ gɒt tu: ˈtwentɪ ɔ: ə hʌndrəd ən ˈten ˈvəʊlts]
Führen Sie Butangas?	**Have you got butane?**	[həv jʊ gɒt bjʊˈteɪn]
Gibt es in der Nähe einen Supermarkt/Kinderspielplatz?	**Is there a supermarket/playground near here?**	[ɪz ðeər ə ˈsu:pəmɑ:kɪt/ˈpleɪgraʊnd nɪə ˈhɪə]
Wird der Platz nachts bewacht?	**Is the campsite guarded at night?**	[ɪz ðə ˈkæmpsaɪt ˈgɑ:dɪd ət ˈnaɪt]

Wo finde ich die Mülltonnen/Toiletten/ Waschräume?	**Where is the dust-bin/toilet/wash-room?**	[weər ɪz ðə/ ˈdʌstbɪn/ˈtɔɪlət/ ˈwɒʃruːm]
Wo kann ich hier mein Chemieklo entsorgen?	**Where can I empty my chemical toilet?**	[weə kən aɪ ˈemptɪ maɪ kemɪkl ˈtɔɪlət]
Wo kann ich Campingzubehör kaufen/ ausleihen?	**Where can I buy/ borrow camping supplies?**	[weə kən aɪ ˈbaɪ/ ˈbɒrəʊ ˈkæmpɪŋ ˈsəplaɪz]
Wo kann man hier ...?	**Where can you... here?**	[weə kən jʊ... ˈhɪə]
Wo sind die Duschen?	**Where are the showers?**	[weər ɑː ðə ˈʃaʊəz]

Adapter	**adapter**	[əˈdæptə]
Anhängerkupplung	**trailer coupling**	[ˈtreɪlə kʌplɪŋ]
Anmeldung	**check-in**	[ˈtʃekɪn]
Benutzungsgebühr	**user's fee**	[ˈjuːzəz fiː]
Bungalow	**bungalow**	[ˈbʌngələʊ]
Butangas	**butane**	[ˈbjuːteɪn]
Camping	**camping**	[ˈkæmpɪŋ]
Campingausweis	**camping card**	[ˈkæmpɪŋ kɑːd]
Campingplatz	**campsite**	[ˈkæmpsaɪt]
Campingstuhl	**camping chair**	[ˈkæmpɪŋ tʃeə]
Campingtisch	**camping table**	[ˈkæmpɪŋ teɪbl]
Decke	**cover**	[ˈkʌvə]
Duschen	**showers** *pl*	[ˈʃaʊəz]

Fahrräder	**bicycles** *pl*	[ˈbaɪsɪklz]
Gasflasche	**gas cylinder**	[ˈgæs sɪlɪndə]
Geschirr	**dishes** *pl*	[ˈdɪʃɪz]
Grill	**grill**	[grɪl]
Kaffeemaschine	**coffee machine**	[ˈkɒfɪ məʃiːn]
Kochgeschirr	**cookware**	[ˈkʊkweə]
Kochstelle	**cooking area**	[ˈkʊkɪŋ eərɪə]
Kühlschrank	**fridge**	[frɪdʒ]
Lebensmittel	**food**	[fuːd]
leihen	**to lend**	[lend]
Leihgebühr	**rental charge**	[ˈrentl tʃɑːdʒ]
Nachbar	**neighbour**	[ˈneɪbə]
Propangas	**propane**	[ˈprəʊpeɪn]
Schlafsack	**sleeping bag**	[ˈsliːpɪŋ bæg]
Spirituskocher	**spirit stove**	[ˈspɪrɪt stəʊv]
Steckdose	**socket**	[ˈsɒkɪt]
Stellplatz	**spot**	[spɒt]
Stromanschluss	**power point**	[paʊə ˈpɔɪnt]
Stromspannung	**voltage**	[ˈvəʊltɪdʒ]
Supermarkt	**supermarket**	[ˈsuːpəmɑːkɪt]
Toiletten	**toilets** *pl*	[ˈtɔɪləts]
Trinkwasser	**drinking water**	[ˈdrɪŋkɪŋ wɔːtə]
Vorzelt	**awning**	[ˈɔːnɪŋ]
Waschraum	**washroom**	[ˈwɒʃruːm]
Wasserkanister	**water canister**	[ˈwɔːtə kənɪstə]
Wohnmobil	**motorhome**	[ˈməʊtəhəʊm]
Wohnwagen	**caravan**	[ˈkærəvæn]
Zelt	**tent**	[tent]
zelten	**to camp**	[kæmp]
Zubehör	**accessories** *pl*	[əkˈsesəriːz]

Gibt es hier eine Jugendherberge?	**Is there a youth hostel here?**	[ɪz ðeər ə ˈjuːθ hɒstl ˈhɪə]
Haben Sie noch etwas frei?	**Do you have any vacancies?**	[dʊ jʊ ˈhæv enɪ ˈveɪkənsɪz]
Kann ich ein Zimmer mit meinem Mann/ meiner Frau teilen?	**Can I share a room with my husband/ wife?**	[kən aɪ ˈʃeə ə ˈruːm wɪð maɪ ˈhʌzbnd/ˈwaɪf]
Gibt es Doppel-/ Familienzimmer?	**Have you got double/family rooms?**	[həv jʊ gɒt ˈdʌbl/ ˈfæmlɪ ruːmz]
Wie viel kostet die Übernachtung?	**How much is one night?**	[haʊ ˈmʌtʃ ɪz ˈwʌn ˈnaɪt]
Ich bleibe ... Tage.	**I'm staying... days.**	[aɪm steɪɪŋ... ˈdeɪz]
Kann ich Bettwäsche ausleihen?	**Can I borrow bedlinen?**	[kən aɪ bɒrəʊ ˈbedlɪnɪn]
Gibt es hier Schließfächer?	**Have you got lockers?**	[həv jʊ gɒt ˈlɒkəz]
Bis wie viel Uhr abends ist Einlass?	**Is there a curfew?**	[ɪz ðeər ə ˈkɜːfjuː]
Wann gibt es Frühstück?	**When do you serve breakfast?**	[wen dʊ jʊ ˈsɜːv ˈbrekfəst]

Adapter	**adapter**	[ə'dæptə]
Anmeldung	**reservation**	[rezə'veɪʃn]
Bad	**bathroom**	['bɑ:θru:m]
Bettlaken	**sheet**	[ʃi:t]
Bettwäsche	**bedlinen**	['bedlɪnɪn]
Dusche	**shower**	['ʃaʊə]
Einzelzimmer	**single room**	['sɪŋgl ru:m]
Erdgeschoss	**ground floor** *UK*/ **first floor** *US*	['graʊnd flɔ:/ 'fɜ:rst flɔ:]
Essenszeiten	**meal times** *pl*	['mi:l taɪmz]
Essgeschirr	**crockery**	['krɒkərɪ]
Etagenbett	**bunk bed**	['bʌŋk bed]
Fahrrad	**bicycle**	['baɪsɪkl]

i

Jugendherbergen sind auf den britischen Inseln eine preisgünstige Alternative zum Hotelaufenthalt. Typischerweise gibt es Mehrbettzimmer, oft aber auch Doppel- und Einzelzimmer. Fast alle Hostels haben Selbstbedienungsküchen, in denen sich die Gäste selbst versorgen können.

Familienzimmer	**family room**	['fæmlɪ ru:m]
Fernseher	**television**	['telɪvɪʒn]
Fernsehraum	**TV room**	[ti:'vi: ru:m]
Gemeinschaftsraum	**lounge**	[laʊndʒ]
Handtuch	**towel**	['taʊəl]
Jugendgruppe	**youth group**	['ju:θ gru:p]
Jugendherberge	**youth hostel**	['ju:θ hɒstl]
Jugendherbergsausweis	**youth hostel card**	['ju:θ hɒstl 'kɑ:d]

Kochgeschirr	**cookware**	[ˈkʊkweə]
Kochmöglichkeit	**cooking facilities** *pl*	[ˈkʊkɪŋ fəsɪlətiːz]
Kopfkissen	**pillow**	[ˈpɪləʊ]
leihen	**to borrow**	[ˈbɒrəʊ]
Leihgebühr	**borrower's fee**	[ˈbɒrəʊəz fiː]
Mitgliedskarte	**membership card**	[ˈmembəʃɪp kɑːd]
Notausgang	**emergency exit**	[ɪˈmɜːdʒənsɪ eksɪt]
Obergeschoss	**top floor**	[ˈtɒp flɔː]
parken	**to park**	[pɑːk]
Pfand	**deposit**	[dɪˈpɒsɪt]
Post	**post** *UK*/**mail** *US*	[pəʊst/meɪl]
Rechnung	**bill** *UK*/**check** *US*	[bɪl/tʃek]
Reinigung	**cleaning**	[ˈkliːnɪŋ]
Safe	**safe**	[seɪf]
Schlafsaal	**dormitory**	[ˈdɔːmətrɪ]
Schlafsack	**sleeping bag**	[ˈsliːpɪŋ bæg]
Selbstverpflegung	**self-catering**	[selfˈkeɪtərɪŋ]
Speisesaal	**dining room**	[ˈdaɪnɪŋ ruːm]
Spielplatz	**playground**	[ˈpleɪgraʊnd]
Stornierung	**cancellation**	[kænsəˈleɪʃn]
Strom	**electricity**	[ɪlekˈtrɪsətɪ]
telefonieren	**to (tele)phone**	[ˈ(telɪ)fəʊn]
Voranmeldung	**reservation**	[rezəˈveɪʃn]
Waschmaschine	**washing machine**	[ˈwɒʃɪŋ məʃiːn]
Waschraum	**washroom**	[ˈwɒʃruːm]
Wertsachen	**valuables** *pl*	[ˈvæljʊəblz]
Zimmerschlüssel	**room key**	[ˈruːm kiː]
zweite Etage	**second floor** *UK*/ **third floor** *US*	[ˈsekənd flɔː/ ˈθɜːrd flɔː]

Haben Sie noch eine Wohnung/ein Ferienhaus frei?	**Have you got a flat/holiday house available?**	[həv jʊ gɒt ə ˈflæt/ˈhɒlɪdeɪ haʊs əˈveɪləbl]
Haben Sie eine Wohnung mit Balkon/Meerblick?	**Have you got a flat with a balcony/sea view?**	[həv jʊ gɒt ə ˈflæt wɪð ə ˈbælkənɪ/ˈsiː vjuː]
Gibt es eine Wohnung mit einem Kinderzimmer?	**Is there a flat with a children's room?**	[ɪz ðeər ə ˈflæt wɪð ə ˈtʃɪldrənz ruːm]
Wie groß ist die Wohnung?	**How big is the flat?**	[haʊ ˈbɪg ɪz ðə ˈflæt]
Haben Sie Nichtraucherwohnungen?	**Have you got non-smoking flats?**	[həv jʊ gɒt ˈnɒn-sməʊkɪŋ ˈflæts]
Was kostet die Wohnung in der Haupt-/Nebensaison?	**What does the flat cost in the high/off season?**	[wɒt dʌz ðə flæt ˈkɒst ɪn ðə ˈhaɪ/ˈɒf siːzn]
Wir hätten gern zwei Wohnungen nebeneinander.	**We'd like two adjacent flats.**	[wiːd laɪk tuː əˈdʒeɪsnt flæts]
Ich habe eine Wohnung für 6 Personen reserviert.	**I have reserved a flat for 6 people.**	[aɪ həv rɪˈzɜːvd ə ˈflæt fə sɪks ˈpiːpl]

In welcher Etage ist unsere Wohnung?	**On what floor is our flat?**	[ɒn wɒt ˈflɔː ɪz aʊə ˈflæt]
Wie viele Zimmer hat die Wohnung?	**How many rooms are in the flat?**	[haʊ menɪ ˈruːmz ɑː ɪn ðə ˈflæt]
Haben Sie eine größere/kleinere Wohnung für uns?	**Have you got a bigger/smaller flat?**	[həv jʊ gɒt ə ˈbɪgə/ˈsmɔːlə ˈflæt]
Können Sie uns noch andere Wohnungen zeigen?	**Can you show us another flat?**	[kən jʊ ˈʃəʊ ʌs əˈnʌðə ˈflæt]
Wir nehmen die Wohnung.	**We'll take this flat.**	[wiːl ˈteɪk ðɪs ˈflæt]
Wo bekommen wir den Schlüssel?	**Where do we get the key?**	[weə dʊ wɪ ˈget ðə ˈkiː]
Müssen wir ein Pfand hinterlegen?	**Do we have to leave a deposit?**	[dʊ wɪ hæv tə ˈliːv ə dɪˈpɒsɪt]
Sind Haustiere/Ist Rauchen erlaubt?	**Are pets/Is smoking allowed?**	[ɑː ˈpets/ɪz ˈsməʊkɪŋ əˈlaʊd]
Kann man Bettwäsche ausleihen?	**Can we borrow bedlinen?**	[kən wɪ ˈbɒrəʊ ˈbedlɪnɪn]

Gibt es ein zusätzliches Kinderbett?	**Is there an extra child's bed?**	[ɪz ðeər ən ˈekstrə ˈtʃaɪldz bed]
Gibt es eine Klimaanlage/Waschmaschine?	**Is there air conditioning/a washing machine?**	[ɪz ðeər ˈeə kənˈdɪʃənɪŋ/ə ˈwɒʃɪŋ məʃiːn]
Ist ein Fernseher in der Wohnung?	**Is there a TV in the flat?**	[ɪz ðeər ə tiːˈviː ɪn ðə ˈflæt]
Ist die Küche voll ausgestattet?	**Is the kitchen fully equipped?**	[ɪz ðə ˈkɪtʃn fʊlɪ ɪˈkwɪpt]
Gibt es Gartenmöbel?	**Is there garden furniture?**	[ɪz ðeə ˈgɑːdn ˈfɜːnɪtʃə]
Haben Sie einen Sonnenschirm?	**Have you got a sunshade?**	[həv jʊ gɒt ə ˈsʌnʃeɪd]
Ist ein Spielplatz in der Nähe?	**Is there a playground nearby?**	[ɪz ðeər ə ˈpleɪgraʊnd nɪəˈbaɪ]
Kann ich hier Fahrräder leihen?	**Can I borrow a bicycle?**	[kən aɪ ˈbɒrəʊ ə ˈbaɪsɪkl]
Müssen wir die Endreinigung übernehmen?	**Do we need to clean before we leave?**	[dʊ wɪ niːd tə ˈkliːn bɪˈfɔː wɪ ˈliːv]

Ist die Endreinigung/ der Stromverbrauch im Preis inbegriffen?	**Is the cleaning/ electricity included?**	[ɪz ðə ˈkliːnɪŋ/ elekˈtrɪsɪtɪ ɪnˈkluːdɪd]
Wo ist der Sicherungskasten?	**Where's the fuse box?**	[weəz ðə ˈfjuːz bɒks]
Wo sind die Mülltonnen?	**Where are the dustbins** ***UK*****/trash cans** ***US*****?**	[ˈweər ɑː ðə ˈdʌstbɪnz/ ˈtræʃ kænz]

> *Getrennte Wasserhähne („taps"/„faucets") für kaltes und warmes Wasser sind in den USA und Großbritannien üblich. Oft ist auch der Wasserdruck niedriger als in Deutschland.*

Die Heizung funktioniert nicht richtig.	**The heating isn't working.**	[ðə ˈhiːtɪŋ ɪznt ˈwɜːkɪŋ]
Es ist zu kalt.	**It's too cold.**	[ɪts tuː ˈkəʊld]
Unsere Nachbarn rechts/links/oben/ unten sind in der Nacht zu laut.	**Our neighbours to the right/to the left/ above/below are too loud at night.**	[aʊə ˈneɪbəz tʊ ðə ˈraɪt/tʊ ðə ˈleft/ əˈbʌv/bɪˈləʊ ɑː tuː ˈlaʊd ət ˈnaɪt]
Die Klimaanlage ist kaputt.	**The air conditioning is broken.**	[ðɪ ˈeə kəndɪʃənɪŋ ɪz ˈbrəʊkn]

Abfluss	**drain**	[ˈdreɪn]
Abreisetag	**day of departure**	[deɪ əv dɪˈpɑːtʃə]
Anreisetag	**day of arrival**	[deɪ əv əˈraɪvl]
Appartment	**flat** *UK*/ **apartment** *US*	[flæt/əˈpɑːrtmənt]
Aufzug	**lift** *UK*/**elevator** *US*	[lɪft/ˈelɪveɪtər]
Backofen	**oven**	[ˈʌvn]
Badewanne	**bath (tub)**	[bɑːθ (tʌb)]
Balkon	**balcony**	[ˈbælkənɪ]
Besen	**broom**	[bruːm]
Besteck	**cutlery**	[ˈkʌtlərɪ]
defekt	**not working**	[nɒt ˈwɜːkɪŋ]
Dusche	**shower**	[ˈʃaʊə]
Eisschrank	**freezer**	[ˈfriːzə]
Ferienhaus	**holiday home/ cottage**	[ˈhɒlədeɪ həʊm/ ˈkɒtɪdʒ]
Ferienwohnung	**holiday flat** *UK*/**holi-day apartment** *US*	[ˈhɒlədeɪ flæt/ ˈhɒlədeɪ əˈpɑːrt-mənt]
Gartenstuhl	**garden chair**	[ˈgɑːdn tʃeə]
Geschirr	**dishes** *pl*	[ˈdɪʃɪz]
Glühbirne	**light bulb**	[ˈlaɪt bʌlb]
Grill	**grill**	[grɪl]
Handtuch	**towel**	[ˈtaʊəl]
Haustier	**pet**	[pet]
Haustürschlüssel	**door key**	[ˈdɔː kiː]
Herd	**stove**	[stəʊv]
Kamin	**fireplace**	[ˈfaɪəpleɪs]
kaputt	**broken**	[ˈbrəʊkn]
Keller	**cellar**	[ˈselə]

Kinderbett	**child's bed**	[tʃaɪldz ˈbed]
Kochnische	**kitchenette**	[ˈkɪtʃənet]
Küche	**kitchen**	[ˈkɪtʃn]
Kühlschrank	**fridge**	[frɪdʒ]
Licht	**light**	[laɪt]
Müllabfuhr	**rubbish collection**	[ˈrʌbɪʃ kəlekʃn]
Mülleimer	**dustbin** *UK/* **trash can** *US*	[ˈdʌstbɪn/ˈtræʃ kæn]
Nachbar/in	**neighbour**	[ˈneɪbə]
Parkplatz	**parking lot**	[ˈpɑːkɪŋ lɒt]
Putzmittel	**cleaner**	[ˈkliːnə]
Quadratmeter	**square metre**	[ˈskweə miːtə]
Reklamation	**complaint**	[kɒmˈpleɪnt]
Ruhe	**quiet**	[ˈkwaɪət]
Schlafzimmer	**bedroom**	[ˈbedruːm]
Spülmaschine	**dishwasher**	[ˈdɪʃwɒʃə]
Staubsauger	**vacuum**	[ˈvækjʊəm]
Steckdose	**socket**	[ˈsɒkɪt]

Vorsicht! In den USA herrscht überall die Spannung von 110 Volt. Sie können Ihre elektrischen Geräte also nur bedingt benutzen.

Stellplatz	**parking space**	[ˈpɑːkɪng speɪs]
Stromzähler	**meter**	[ˈmiːtə]
Teller	**plate**	[pleɪt]
Terrasse	**terrace**	[ˈterɪs]
Waschmaschine	**washing machine**	[ˈwɒʃɪŋ məʃiːn]
Wasseranschluss	**water main**	[ˈwɔːtə meɪn]

Essen & Trinken

Ich möchte einen Tisch für 4 Personen reservieren.	**I'd like to reserve a table for four.**	[aɪd laɪk tə rɪ'zɜːv ə 'teɪbl fə 'fɔː]
Heute Abend gegen 20 Uhr, bitte.	**At around 8 o'clock this evening, please.**	[ət ə'raʊnd eɪt ə'klɒk ðɪs 'iːvnɪŋ pliːz]
Wie lang haben Sie geöffnet?	**How long are you open?**	[həʊ lɒŋ ə jʊ 'əʊpn]
Bis wann kann man bei Ihnen warm essen?	**Until when is the kitchen open?**	[əntɪl 'wen ɪz ðə 'kɪtʃn 'əʊpn]
Mein Name ist ...	**My name is...**	[maɪ 'neɪm ɪz...]
Haben Sie einen Parkplatz hinter dem Haus?	**Have you got parking?**	[həv jʊ gɒt 'pɑːkɪŋ]
Ist dieser Tisch/Platz noch frei?	**Is this table/seat free?**	[ɪz ðɪs 'teɪbl/'siːt 'friː]
Können Sie bitte zwei Tische zusammenschieben?	**Can you put two tables together, please?**	[kən jʊ 'pʊt tuː 'teɪblz tə'geðə pliːz]
Wir speisen nach Karte.	**We'll be dining à la carte.**	[wiːl bɪ 'daɪnɪŋ ɑː lɑː 'kɑːt]

Abendessen	**dinner**	[ˈdɪnə]
ausgezeichnet	**excellent**	[ˈeksələnt]
Beschwerde	**complaint**	[kəmˈpleɪnt]
bestellen	**to order**	[ˈɔːdə]
Bestellung	**order**	[ˈɔːdə]
Empfehlung	**recommendation**	[rekəmenˈdeɪʃn]
essen	**to eat**	[iːt]
Garderobe	**cloakroom**	[ˈkləʊkruːm]
gemischt	**mixed**	[mɪkst]
Karte	**menu**	[ˈmenjuː]
Kellner/in	**waiter/waitress**	[ˈweɪtə/ˈweɪtrəs]
Kinderstuhl	**high chair**	[ˈhaɪ tʃeə]
Menü	**(set) menu**	[(set) ˈmenjuː]
Mittagessen	**lunch**	[lʌntʃ]
Nachspeise	**dessert**	[dɪˈzɜːt]
Nichtraucher	**non-smoker**	[nɒnˈsməʊkə]
Parkplatz	**car park** *UK*/ **parking lot** *US*	[ˈkɑː pɑːk/ˈpɑːrkɪŋ lɒt]
Person	**person**	[ˈpɜːsn]
Portion	**portion**	[ˈpɔːʃn]
Preis	**price**	[praɪs]
reservieren	**to reserve**	[rɪˈzɜːv]
Reservierung	**reservation**	[rezəˈveɪʃn]
Restaurant	**restaurant**	[ˈrestrɒnt]
Speisekarte	**(food) menu**	[(fuːd) ˈmenjuː]
Tisch	**table**	[ˈteɪbl]
vorbestellen	**to reserve**	[rɪˈzɜːv]
Vorspeise	**starter**	[ˈstɑːtə]
Wartezeit	**wait**	[weɪt]
Weinkarte	**wine list**	[ˈwaɪn lɪst]

Könnten Sie mir bitte einen Kindersitz bringen?	**Could you bring me a high chair, please?**	[kʊd jʊ brɪŋ mɪ ə ˈhaɪ tʃeə pliːz]
Ist die Bedienung/ das Gedeck inklusive?	**Is the service/ cover included?**	[ɪz ðə ˈsɜːvɪs/ˈkʌvə ɪnˈkluːdɪd]
Bringen Sie mir bitte die Speisekarte.	**Please bring me the menu.**	[pliːz ˈbrɪŋ mɪ ðə ˈmenjuː]
Bedienung!	**Excuse me!**	[ɪkˈskjuːs miː]
Haben Sie eine Tageskarte/ein Tagesessen?	**Have you got a menu/dish of the day?**	[həv jʊ ˈgɒt ə ˈmenjuː/ˈdɪʃ əv ðə ˈdeɪ]
Servieren Sie auch vegetarische Gerichte/ Diätkost?	**Do you serve vegetarian/dietary meals?**	[dʊ jʊ sɜːv vedʒɪˈteərɪən/ˈdaɪətərɪ ˈmiːlz]
Ich bin Vegetarier/ Veganer/Diabetiker.	**I'm vegetarian/ vegan/diabetic.**	[aɪm vedʒɪˈteərɪən/ˈviːgən/ daɪəˈbetɪk]
Ich esse kein Fleisch.	**I don't eat meat.**	[aɪ ˈdəʊnt iːt ˈmiːt]
Was sind die typischen Gerichte der einheimischen Küche?	**What are some typical dishes?**	[wɒt ɑː sʌm ˈtɪpɪkl ˈdɪʃɪz]

Können Sie mir etwas empfehlen?	**Can you recom-mend something?**	[kən jʊ rekəˈmend ˈsʌmθɪŋ]
Was ist die Spezialität des Hauses?	**What's the house speciality?**	[wɒts ðə ˈhaʊs ˈspeʃltɪ]
Gibt es auch Kinder-portionen?	**Are there also child portions?**	[ɑː ðeər ɔːlsəʊ ˈtʃaɪld pɔːʃnz]
Servieren Sie auch frischen Fisch?	**Do you serve fresh fish?**	[dʊ jʊ ˈsɜːv freʃ ˈfɪʃ]
Nein, wir haben noch nicht gewählt.	**No, we haven't decided yet.**	[ˈnəʊ wɪ hævnt dɪˈsaɪdɪd jet]
Ich nehme ...	**I'll have...**	[aɪl ˈhæv...]
Ich hätte gerne ein Stück/eine Portion ...	**I'd like a piece/ portion of...**	[aɪd ˈlaɪk ə ˈpiːs/ˈpɔːʃn əv...]
Ich hätte gerne das Gleiche wie diese Dame/dieser Herr dort.	**I'll have the same as this lady/ gentleman.**	[aɪl hæv ðə ˈseɪm əz ðɪs ˈleɪdɪ/ ˈdʒentlmən]
Wie heißt dieses Gericht?	**What's this called?**	[wɒts ðɪs ˈkɔːld]
Das sieht aber sehr appetitlich aus.	**It looks very appe-tising.**	[ɪt ˈlʊks verɪ ˈæpətaɪzɪŋ]

Ich vertrage keine/keinen ..., können Sie das Gericht bitte ohne ... zubereiten?	**I can't eat..., can you make it without...?**	[aɪ kɑːnt ˈiːt... kən jʊ ˈmeɪk ɪt wɪˈðaʊt...]
Könnte ich statt Kartoffeln bitte Reis bekommen?	**Could I have rice instead of potatoes, please?**	[kʊd aɪ hæv ˈraɪs ɪnsted əv pəˈteɪtəʊz pliːz]
Bitte ein Glas/eine Flasche Wasser/Wein.	**A glass/bottle of water/wine, please.**	[ə ˈglɑːs/ˈbɒtl əv ˈwɔːtə/ˈwaɪn pliːz]
Als Vorspeise/Hauptgericht/Nachspeise hätte ich gerne ...	**For starters/main course/dessert I'll have...**	[fə ˈstɑːtəz/ˈmeɪn kɔːʃ/dɪˈzɜːt aɪl hæv...]
Bringen Sie uns bitte noch etwas ...	**Could you bring us some more...**	[kʊd jʊ ˈbrɪŋ ʌs sʌm ˈmɔː...]
Haben Sie noch einen Wunsch?	**Would you like anything else?**	[wʊd jʊ ˈlaɪk enɪθɪŋ ˈels]
Ja, ich nehme gerne noch etwas ...	**Yes, I'd like more...**	[ˈjes aɪd laɪk mɔː...]
Ich bin satt, danke.	**I'm full, thank you.**	[aɪm ˈfʊl ˈθæŋk jʊ]
Ich hätte gerne einen Verdauungsschnaps.	**I'd like a digestive.**	[aɪd laɪk ə daɪˈdʒestɪv]

Ich hätte gerne eine Tasse Kaffee ohne/mit Milch und Zucker.	**I'd like a coffee without/with milk and sugar.**	[aɪd laɪk ə ˈkɒfɪ wɪðaʊt/wɪð ˈmɪlk ənd ˈʃugə]
Kompliment an die Küche!	**My compliments to the chef!**	[maɪ ˈkɒmplɪ-mənts tʊ ðə ˈʃef]
Es ist sehr gemütlich/ eine sehr angenehme Atmosphäre hier.	**It's nice/There's a nice atmosphere here.**	[ɪts ˈnaɪs/ðeəz ə ˈnaɪs ˈætməsfɪə hɪə]
Auf meinem Tisch fehlt/fehlen Salz/ Pfeffer/Essig/Öl/eine Serviette/Zahnstocher.	**There's/There are no salt/pepper/ vinegar/oil/napkin/ toothpicks.**	[ðeəz/ðeər ɑː nəʊ ˈsɒlt/ˈpepə/ˈvɪnɪgə/ ˈɔɪl/ˈnæpkɪn/ ˈtuːθpɪks]
Zum Wohl!	**Cheers!**	[tʃɪəz]
Lass es dir/Lassen Sie es sich schmecken!	**Enjoy your meal!**	[ɪnˈdʒɔɪ jɔː miːl]
Guten Appetit!	**Bon appétit!**	[bɒn æpəˈtiː]

i

Um sich gegenseitig eine schöne Mahlzeit zu wünschen, wird im Englischen manchmal der französische Ausdruck „bon appétit" benutzt – üblicherweise wird allerdings darauf verzichtet, sich einen guten Appetit zu wünschen.

Beilage	**side dish**	[ˈsaɪd dɪʃ]
Bestellung	**order**	[ˈɔːdə]
Eiskarte	**ice cream menu**	[ˈaɪs kriːm menjuː]
Essig	**vinegar**	[ˈvɪnɪgə]
Flasche	**bottle**	[bɒtl]
Gabel	**fork**	[fɔːk]
Gang	**course**	[kɔːs]
Gericht	**dish**	[dɪʃ]
Geschmack	**taste**	[teɪst]
Glas	**glass**	[glɑːs]
Hauptgang	**main course**	[ˈmeɪn kɔːs]
hausgemacht	**home made**	[ˈhəʊm meɪd]
Kellner/in	**waiter/waitress**	[ˈweɪtə/ˈweɪtrəs]
Kinderportion	**child portion**	[ˈtʃaɪld pɔːʃn]
Löffel	**spoon**	[spuːn]
Messer	**knife**	[naɪf]
Nachtisch	**dessert**	[dɪˈzɜːt]
Öl	**oil**	[ɔɪl]
Pfeffer	**pepper**	[ˈpepə]
Portion	**portion**	[ˈpɔːʃn]
Rechnung	**bill** ***UK*****/check** ***US***	[bɪl/tʃek]
Salz	**salt**	[sɔːlt]
Serviette	**napkin**	[ˈnæpkɪn]
Speisekarte	**menu**	[ˈmenjuː]
Spezialität	**specialty**	[ˈspeʃltɪ]
Teelöffel	**teaspoon**	[ˈtiːspuːn]
Teller	**plate**	[pleɪt]
Vegetarier/in	**vegetarian**	[vedʒɪˈteərɪən]
Vorspeise	**starter**	[ˈstɑːtə]
Weinkarte	**wine list**	[ˈwaɪn lɪst]

Frühstück

Brot	**bread**	[bred]
Brötchen	**roll**	[rəʊl]
Butter	**butter**	['bʌtə]
Ei	**egg**	[eg]
Fruchtsaft	**fruit juice**	['fruːt dʒuːs]
Getreideflocken	**cereals** *pl*	['sɪərɪəlz]
Honig	**honey**	['hʌnɪ]
Kaffee	**coffee**	['kɒfɪ]
Kakao	**cocoa**	['kəʊkəʊ]
Käse	**cheese**	[tʃiːz]
Marmelade	**jam**	[dʒæm]
Milch	**milk**	[mɪlk]
Müsli	**muesli**	['mjuːzlɪ]
Obst	**fruit**	[fruːt]
Pfannkuchen	**pancake**	['pænkeɪk]
Rührei	**scrambled eggs** *pl*	[skræmbld 'egz]
Schinken	**ham**	[hæm]
Speck	**bacon**	['beɪkn]
Spiegelei	**fried egg**	[fraɪd 'eg]
Tee	**tea**	[tiː]
Toast	**toast**	[təʊst]
Weißbrot	**white bread**	['waɪt bred]
Würstchen	**sausage**	['sɒsɪdʒ]

Vorspeisen

Austern	**oysters** *pl*	['ɔɪstəz]
Fisch	**fish**	[fɪʃ]

Garnelen	**prawns** *pl*	[prɔːnz]
Knoblauchbrot	**garlic bread**	[ˈgɑːlɪk bred]
Krabbencocktail	**prawn cocktail**	[ˈprɔːn kɒkteɪl]
Meeresfrüchtesalat	**seafood salad**	[ˈsiːfuːd sæləd]
Oliven	**olives** *pl*	[ˈɒlɪvz]
Pastete	**pâté**	[pæˈteɪ]
Räucherlachs	**smoked salmon**	[sməʊkt ˈsæmən]
Salat	**salad**	[ˈsæləd]
Schinken	**ham**	[hæm]
gekocht	**cooked**	[ˈkʊkt]
geräuchert	**smoked**	[ˈsməʊkt]

Suppen

Brokkolicremesuppe	**cream of broccoli soup**	[kriːm əv ˈbrɒkəlɪ suːp]
Champignoncremesuppe	**cream of mushroom soup**	[kriːm əv ˈmʌʃrʊm suːp]
Erbsensuppe	**pea soup**	[ˈpiː suːp]
Fischsuppe	**fish soup**	[ˈfɪʃ suːp]
Fleischbrühe	**consommé**	[kɒnsəˈmeɪ]
Gemüsesuppe	**vegetable soup**	[ˈvedʒtəbl suːp]
Gemüsesuppe mit Fleisch	**Scotch broth**	[skɒtʃ ˈbrɒθ]
Hühnerbrühe	**chicken broth**	[ˈtʃɪkn brɒθ]
Kartoffelsuppe	**potato soup**	[pəˈteɪtəʊ suːp]
Spargelcremesuppe	**cream of asparagus soup**	[kriːm əv əˈspærəgəs suːp]
Tomatencremesuppe	**tomato soup**	[təˈmɑːtəʊ suːp]
Zwiebelsuppe	**onion soup**	[ˈʌnjən suːp]

Salate

Bohnensalat	**bean salad**	[ˈbiːn sæləd]
gemischter Salat	**mixed salad**	[ˈmɪkst sæləd]
grüner Salat	**green salad**	[ˈgriːn sæləd]
Gurkensalat	**cucumber salad**	[ˈkjuːkʌmbə sæləd]
Kartoffelsalat	**potato salad**	[pəˈteɪtəʊ sæləd]
Meeresfrüchtesalat	**seafood salad**	[ˈsiːfuːd sæləd]
Nudelsalat	**noodle salad**	[ˈnuːdl sæləd]
Reissalat	**rice salad**	[ˈraɪs sæləd]
Tomatensalat	**tomato salad**	[təˈmɑːtəʊ sæləd]

Dressings

French Dressing	**French dressing**	[ˈfrentʃ dresɪŋ]
Joghurt Dressing	**yogurt dressing**	[ˈjɒgət dresɪŋ]
Kräutersoße	**herb dressing**	[ˈhɜːb dresɪŋ]
Essig und Öl	**oil and vinegar**	[ˈɔɪl ənd ˈvɪnɪgə]
Thousand Island	**Thousand Island**	[θaʊzənd ˈaɪlənd]

Gewürze

Basilikum	**basil**	[ˈbæsl]
Curry	**curry**	[ˈkʌrɪ]
Gewürze	**spices** *pl*	[ˈspaɪsəz]
Ketchup	**ketchup**	[ˈketʃəp]
Kümmel	**caraway**	[ˈkærəweɪ]
Lorbeer	**bay leaf**	[ˈbeɪ liːf]
Muskat	**nutmeg**	[ˈnʌtmeg]

Nelken	**cloves** *pl*	[ˈkləʊvz]
Oregano	**oregano**	[ɒrɪˈgɑːnəʊ]
Paprika	**paprika**	[pəˈpriːkə]
Pfeffer	**pepper**	[ˈpepə]
Rosmarin	**rosemary**	[ˈrəʊzmerɪ]
Salz	**salt**	[sɔːlt]
Senf	**mustard**	[ˈmʌstəd]
Thymian	**thyme**	[taɪm]
Zimt	**cinnamon**	[ˈsɪnəmən]
Zucker	**sugar**	[ˈʃʊgə]

Hauptgerichte
Fisch

Aal	**eel**	[iːl]
Fischstäbchen	**fish fingers** *pl*	[fɪʃ ˈfɪŋgəz]
Forelle	**trout**	[traʊt]
Garnelen	**prawns** *pl*	[prɔːnz]
Heilbutt	**halibut**	[ˈhælɪbət]
Hummer	**lobster**	[ˈlɒbstə]
Kabeljau	**codfish**	[ˈkɒdfɪʃ]
Karpfen	**carp**	[kɑːp]
Krebs	**crab**	[kræb]
Lachs	**salmon**	[ˈsæmən]
Makrele	**mackerel**	[ˈmækrəl]
Meeresfrüchte	**seafood**	[ˈsiːfuːd]
(Mies-)Muscheln	**mussels** *pl*	[ˈmʌslz]
Räucherhering	**kipper**	[ˈkɪpə]
Rotbarsch	**red perch**	[red ˈpɜːtʃ]
Schellfisch	**haddock**	[ˈhædək]

Seebarsch	**bass**	[ˈbæs]
Seezunge	**sole**	[səʊl]
Thunfisch	**tuna**	[ˈtjuːnə]
Tintenfisch	**squid**	[skwɪd]
Tintenfischringe	**fried squid**	[fraɪd ˈskwɪd]
Venusmuscheln	**clams** *pl*	[ˈklæmz]
roh	**raw**	[rɔː]
gekocht	**cooked**	[ˈkʊkt]
gedünstet	**steamed**	[ˈstiːmd]
gebraten	**baked**	[ˈbeɪkt]
geräuchert	**smoked**	[ˈsməʊkt]
vom Grill	**grilled**	[ˈgrɪld]

Geflügel

Ente	**duck**	[dʌk]
Gans	**goose**	[guːs]
Geflügel	**poultry**	[ˈpəʊltrɪ]
Hähnchen	**chicken**	[ˈtʃɪkn]
Pute	**turkey**	[ˈtɜːkɪ]
Truthahn	**turkey**	[ˈtɜːkɪ]

Wild

Hase	**hare**	[heə]
Hirsch	**venison**	[ˈvenɪsən]
Kaninchen	**rabbit**	[ˈræbɪt]
Reh	**venison**	[ˈvenɪsən]
Wild	**game**	[geɪm]
Wildschwein	**boar**	[bɔː]

Fleisch

Braten	**roast**	[rəʊst]
Eintopf mit Lamm und Kartoffeln	**Irish stew**	[aɪrɪʃ ˈstjuː]
Filet	**fillet**	[ˈfɪlɪt]
Fleisch	**meat**	[miːt]
Fleischeintopf	**stew**	[stjuː]
Frikadelle	**meatball/burger**	[ˈmiːtbɔːl/ˈbɜːɡə]
Frikassee	**fricassee**	[ˈfrɪkəsiː]
gegrillt	**grilled**	[ɡrɪld]
Gulasch	**goulash**	[ˈɡuːlæʃ]
Hackbraten	**meatloaf**	[ˈmiːtləʊf]
Hackfleisch	**minced meat**	[ˈmɪnst miːt]
Hammelfleisch	**mutton**	[ˈmʌtn]
Haxe	**knuckle** *UK*/**hock** *US*	[ˈnʌkl/hɒk]
Kalbfleisch	**veal**	[viːl]
Keule	**leg**	[leɡ]
Kotelett	**chop/cutlet**	[tʃɒp/ˈkʌtlət]
Lammfleisch	**lamb**	[læm]
Lasagne	**lasagne**	[ləˈzænjə]
Lende	**loin**	[lɔɪn]
Lendensteak	**sirloin steak**	[ˈsɜːlɔɪn steɪk]
Rindfleisch	**beef**	[biːf]
Schnitzel	**escalope/schnitzel**	[ˈeskəlɒp/ˈʃnɪtsəl]
Schulter	**shoulder**	[ˈʃəʊldə]
Schweinefleisch	**pork**	[pɔːk]
Speck	**bacon**	[ˈbeɪkən]
Steak	**steak**	[steɪk]
Würstchen	**sausage/wiener**	[ˈsɒsɪdʒ/ˈwiːnə]

Gemüse und Beilagen

Blumenkohl	**cauliflower**	[ˈkɒlɪflaʊə]
Bohnen	**beans** *pl*	[biːnz]
Bratkartoffeln	**fried potatoes** *pl*	[fraɪd pəˈteɪtəʊz]
Chinakohl	**Chinese cabbage**	[tʃaɪˈniːz ˈkæbɪdʒ]
Endivie	**endive**	[ˈendɪv]
Erbsen	**peas** *pl*	[piːz]
Fenchel	**fennel**	[fenl]
Gemüse	**vegetable**	[ˈvedʒtəbl]
Gewürzgurken	**gherkins** *pl*	[ˈgɜːkɪnz]
Gurke	**cucumber**	[ˈkjuːkʌmbə]
Kartoffelbrei	**mashed potatoes** *pl*	[mæʃd pəˈteɪtəʊz]
Kartoffeln	**potatoes** *pl*	[pəˈteɪtəʊz]
Kohl	**cabbage**	[ˈkæbədʒ]
Kopfsalat	**lettuce**	[ˈletɪs]
Krautsalat	**coleslaw**	[ˈkəʊlslɔː]
Kroketten	**croquettes** *pl*	[krɒˈkets]
Lauch/Porree	**leek**	[liːk]
Mais	**(sweet)corn**	[(ˈswiːt)kɔːn]
Meerrettich	**horse radish**	[ˈhɔːs rædɪʃ]
Möhren	**carrots** *pl*	[ˈkærəts]
Nudeln	**pasta**	[ˈpæstə]
Paprika	**(bell) pepper**	[(bel) ˈpepə]
Ofenkartoffeln	**baked potatoes** *pl*	[beɪkt pəˈteɪtəʊz]
mit Kräuterbutter	**with garlic butter**	[wɪð ˈgɑːlɪk bʌtə]
mit Sauerrahm	**with sour cream**	[wɪð ˈsaʊə kriːm]
Pellkartoffeln	**jacket potatoes** *pl*	[ˈdʒækɪt pəˈteɪtəʊz]

Pommes frites	**chips** *UK pl*/**(French) fries** *US pl*	[tʃɪps/(ˈfrentʃ) fraɪz]
Radieschen	**radish**	[ˈrædɪʃ]
Reis	**rice**	[raɪs]
Rosenkohl	**Brussels sprouts** *pl*	[brʌslz ˈsprauts]
Rotkohl	**red cabbage**	[red ˈkæbɪdʒ]
Salzkartoffeln	**boiled potatoes** *pl*	[ˈbɔɪld pəˈteɪtəuz]
Sellerie	**celery**	[ˈselərɪ]
Spargel	**asparagus**	[əˈspærəgəs]
Spaghetti	**spaghetti**	[spəˈgetɪ]
Spinat	**spinach**	[ˈspɪnɪtʃ]
Tomaten	**tomatoes** *pl*	[təˈmaːtəuz]
Zucchini	**courgette** *UK*/**zucchini** *US*	[kɔːˈʒet/zuˈkiːnɪ]
Zwiebeln	**onions** *pl*	[ˈʌnjənz]

Pilze

Champignon	**mushroom**	[ˈmʌʃrum]
Morchel	**morel**	[məˈrel]
Pfifferling	**chanterelle**	[ˈʃaːntərel]
Steinpilz	**porcino**	[pɔːˈtʃiːnəu]

Eierspeisen

hart-/weichgekochtes Ei	**hard-/soft-boiled egg**	[ˈhaːd/ˈsɒftbɔɪld ˈeg]
Omelett	**omelette**	[ˈɒmlɪt]
Rührei	**scrambled eggs** *pl*	[skræmbld ˈegz]
Spiegelei	**fried egg**	[fraɪd ˈeg]

Käse

Cheddar	**Cheddar**	[ˈtʃedə]
Chesterkäse	**Cheshire cheese**	[ˈtʃeʃə tʃiːz]
Schweizer Käse	**Swiss cheese**	[ˈswɪs tʃiːz]
Frischkäse	**cream cheese**	[ˈkriːm tʃiːz]
Hüttenkäse	**cottage cheese**	[ˈkɒtɪdʒ tʃiːz]
Mozzarella	**mozzarella**	[mɒtsəˈrelə]
Parmesan	**parmesan**	[pɑːmɪˈzæn]
Schimmelkäse	**Stilton**	[stɪltn]

Süßspeisen

Apfeldessert	**apple crumble**	[ˈæpl krʌmbl]
Apfelkuchen	**apple tart/pie**	[ˈæpl tɑːt/paɪ]
Creme/Mousse	**mousse**	[muːs]
Dessert	**dessert**	[dɪˈzɜːt]
Eis	**ice cream**	[ˈaɪs kriːm]
Eisbecher	**sundae**	[ˈsʌndeɪ]
Käsekuchen	**cheese cake**	[tʃiːz keɪk]
Kompott	**stewed fruit**	[ˈstjuːd ˈfruːt]
Krapfen/Berliner	**doughnut**	[ˈdəʊnʌt]
Obstsalat	**fruit salad**	[ˈfruːt sæləd]
Pfannkuchen	**pancake**	[ˈpænkeɪk]
Pudding	**blancmange**	[bləˈmɒnʒ]
Schlagsahne	**whipped cream**	[wɪpt ˈkriːm]
Schokolade	**chocolate**	[ˈtʃɒklət]
Schokoplätzchen	**brownie**	[ˈbraʊnɪ]
Torte	**pie**	[paɪ]
Waffeln	**waffles** *pl*	[ˈwɒflz]

Ist alles/die Bedienung/das Gedeck inklusive?	**Is everything/the service/cover included?**	[ɪz ˈevrɪθɪŋ/ðə ˈsɜːvɪs/ˈkʌvə ɪnˈkluːdɪd]
Das Essen war ausgezeichnet.	**The food was excellent.**	[ðə ˈfuːd wɒz ˈeksələnt]
Kompliment an den Koch.	**My compliments to the chef.**	[maɪ ˈkɒmplɪmənts tʊ ðə ˈʃef]
Es hat mir sehr gut geschmeckt.	**I liked it very much.**	[aɪ ˈlaɪkt ɪt ˈverɪ ˈmʌtʃ]
Wir waren sehr zufrieden.	**Everything was fine.**	[ˈevrɪθɪŋ wɒz ˈfaɪn]
Das Essen ist kalt/versalzen.	**The food is cold/too salty.**	[ðə ˈfuːd ɪz ˈkəʊld/tʊ ˈsɔːltɪ]
Das habe ich nicht bestellt.	**I didn't order that.**	[aɪ dɪdnt ˈɔːdə ðæt]
Haben Sie mein(e) ... vergessen?	**Have you forgotten my...?**	[həv jʊ fəˈgɒtn maɪ...]
Hier fehlt ein(e) ...	**We need another...**	[wɪ niːd əˈnʌθə...]
Holen Sie bitte den Chef.	**Please get the manager.**	[pliːz get ðə ˈmænədʒə]

Nehmen Sie es bitte zurück.	**Please take it back.**	[pliːz teɪk ɪt ˈbæk]
Die Rechnung, bitte.	**Could I have the bill *UK*/check *US*, please?**	[kʊd aɪ hæv ðə ˈbɪl/ˈtʃek pliːz]
Bitte alles zusammen.	**All on the same bill *UK*/check *US*, please.**	[ˈɔːl ɒn ðə ˈseɪm ˈbɪl/ˈtʃek pliːz]
Getrennte Rechnungen, bitte.	**Separate bills *UK*/ checks *US*, please.**	[ˈsepərət ˈbɪlz/ ˈtʃeks pliːz]
Ich hatte folgende Speisen: ...	**I had these things:...**	[aɪ hæd ˈðiːz ˈθɪŋgz...]
Das habe ich nicht gehabt. Ich hatte ...	**I didn't have that. I had...**	[aɪ dɪdnt ˈhæv ðæt aɪ hæd...]
Geben Sie mir bitte eine Quittung.	**I'd like a receipt, please.**	[aɪd laɪk ə rɪˈsiːt pliːz]
Kann ich mit meiner Kreditkarte zahlen?	**Can I pay by credit card?**	[kən aɪ ˈpeɪ baɪ ˈkredɪt kɑːd]
Es stimmt so.	**Keep the change.**	[kiːp ðə ˈʃeɪndʒ]

i

Es ist üblich, das Trinkgeld („tip") auf dem Tisch liegen zu lassen.

ablehnen	**to refuse**	[rəˈfjuːz]
ausgezeichnet	**excellent**	[ˈekzələnt]
Bedienung	**service**	[ˈsɜːvɪs]
beschweren	**to complain**	[kəmˈpleɪn]
Besteck	**cutlery**	[ˈkʌtlərɪ]
bestellen	**to order**	[ˈɔːdə]
bezahlen	**to pay**	[peɪ]
dreckig	**dirty**	[ˈdɜːtɪ]
Durst	**thirst**	[θɜːst]
fehlen	**to be missing**	[bɪ ˈmɪsɪŋ]
Fehler	**mistake**	[mɪsˈteɪk]
frech	**impudent**	[ˈɪmpjʊdənt]
Gabel	**fork**	[fɔːk]
Gast	**customer**	[ˈkʌstəmə]
Geld	**money**	[ˈmʌnɪ]
genau	**exact(ly)**	[ɪˈgzækt(lɪ)]
Getränk	**drink**	[drɪŋk]
getrennt	**separate**	[ˈseprət]
Glas	**glass**	[glɑːs]
Haar	**hair**	[heə]
Hunger	**hunger**	[ˈhʌngə]
Irrtum	**mistake**	[mɪsˈteɪk]
kalt	**cold**	[kəʊld]
Kinderteller	**children's portion**	[ˈtʃɪldrəns ˈpɔːʃn]
Kleingeld	**change**	[tʃeɪndʒ]
langsam	**slow**	[ˈsləʊ]
lasch	**soft**	[sɒft]
laut	**loud**	[laʊd]
lauwarm	**lukewarm**	[ˈluːkwɔːm]
Löffel	**spoon**	[spuːn]

Messer	**knife**	[naɪf]
Portion	**portion**	[ˈpɔːʃn]
Quittung	**receipt**	[rɪˈsiːt]
Rechnung	**bill** *UK*/**check** *US*	[bɪl/tʃek]
Rest	**change**	[tʃeɪndʒ]
scharf	**hot**	[hɒt]
schlecht	**bad**	[bæd]
schnell	**fast**	[fɑːst]
schmecken	**to taste**	[teɪst]
spät	**late**	[leɪt]
Teller	**plate**	[pleɪt]
Trinkgeld	**tip**	[tɪp]
überhöht	**excessive**	[ɪkˈsesɪv]
Umrechnung	**exchange**	[ɪksˈtʃeɪndʒ]
unfreundlich	**unfriendly**	[ʌnˈfrendlɪ]
verdorben	**spoiled**	[spɔɪld]
vergessen	**to forget**	[fəˈget]
verpfeffert	**peppered**	[ˈpepəd]
verrechnet	**miscalculated**	[mɪsˈkælkjʊleɪtɪd]
versalzen	**salty**	[ˈsɔːltɪ]
verschüttet	**spilled**	[spɪld]
warten	**to wait**	[weɪt]
Wechselgeld	**change**	[tʃeɪndʒ]
zahlen	**to pay**	[peɪ]
zu fett	**too fatty**	[tuː ˈfætɪ]
zu hart	**too hard**	[tuː ˈhɑːd]
zu heiß	**too hot**	[tuː ˈhɒt]
zu kalt	**too cold**	[tuː ˈkəʊld]
zu sauer	**too sour**	[tuː ˈsaʊə]
zu zäh	**too tough**	[tuː ˈtʌf]

Gibt es hier eine nette Bar?	**Is there a nice bar here?**	[ɪz ðeər ə naɪs ˈbɑː hɪə]
Kann man dort auch etwas essen?	**Can you eat there?**	[kən jʊ ˈiːt ðeə]
Welche Cocktails haben Sie?	**What cocktails do you serve?**	[wɒt ˈkɒkteɪlz dʊ jʊ ˈsɜːv]
Ich hätte gerne ein Bier/einen Longdrink.	**I'd like a beer/long drink.**	[aɪd laɪk ə ˈbɪə/ ˈlɒŋ drɪŋk]
Haben Sie auch alkoholfreie Drinks?	**Do you serve non-alcoholic drinks?**	[dʊ jʊ ˈsɜːv nɒn-ælkəˈhɒlɪk ˈdrɪŋks]
Gibt es noch etwas Warmes?	**Are you still serving warm food?**	[ə jʊ stɪl ˈsɜːvɪŋ ˈwɔːm ˈfuːd]
Darf ich Sie auf einen Drink einladen?	**Can I buy you a drink?**	[kən aɪ ˈbaɪ jʊ ə ˈdrɪŋk]
Diese Runde geht auf mich.	**This round is on me.**	[ðɪs ˈraʊnd ɪz ɒn ˈmiː]
Ist dieser Platz noch frei?	**Is this seat taken?**	[ɪz ðɪs siːt ˈteɪkn]
Was möchten Sie?	**What would you like?**	[wɒt wʊd jʊ ˈlaɪk]

Ich hätte gern ein Glas Saft.	**I'd like a glass of juice.**	[aɪd laɪk ə ˈglɑːs əv ˈdʒuːs]
Mit/ohne Eis.	**With/Without ice.**	[ˈwɪð/wɪˈðaʊt ˈaɪs]
Ich möchte eine kleine/mittlere/ große Portion Eis.	**I'd like a small/ medium/large/ice cream.**	[aɪd laɪk ə ˈsmɔːl/ ˈmiːdjəm/ˈlɑːdʒ ˈaɪs kriːm]
Welche Eissorten können Sie mir anbieten?	**What sorts of ice cream have you got?**	[wɒt sɔːts əv ˈaɪs kriːm həv jʊ ˈgɒt]
Bitte mit/ohne Schlagsahne.	**With/Without whipped cream, please.**	[ˈwɪð/wɪˈðaʊt wɪpt ˈkriːm pliːz]
Haben Sie extra Eisbecher für Kinder?	**Have you got child sundaes?**	[həv jʊ gɒt ˈtʃaɪld sʌndeɪz]
Ich möchte bitte ein Stück Kuchen.	**I'd like a piece of cake.**	[aɪd ˈlaɪk ə piːs əv ˈkeɪk]
Welche Kuchen haben Sie im Sortiment?	**What sorts of cake have you got?**	[wɒt sɔːts əv ˈkeɪk həv jʊ ˈgɒt]
Einen großen Kaffee, bitte.	**A pot of coffee, please.**	[ə pɒt əv ˈkɒfɪ pliːz]
Ich möchte bitte zahlen.	**I'd like to pay.**	[aɪd laɪk tə ˈpeɪ]

Bananeneis	**banana ice cream**	[bəˈnɑːnə ˈaɪs kriːm]
Bar	**bar**	[bɑː]
Barhocker	**bar stool**	[ˈbɑː stuːl]
Buttercremetorte	**butter cream pie**	[ˈbʌtə kriːm ˈpaɪ]
Café	**café**	[kæˈfeɪ]
Cocktailschirmchen	**cocktail umbrella**	[ˈkɒkteɪl ʌmbrelə]
eine Portion Eis	**an ice cream**	[ən ˈaɪs kriːm]
Eiskaffee	**iced coffee**	[aɪst ˈkɒfɪ]
Eisschokolade	**iced chocolate**	[aɪst ˈtʃɒklət]
Eiswaffel	**ice cream wafer**	[ˈaɪs kriːm ˈweɪfə]
Eiswürfel	**ice cube**	[ˈaɪs kjuːb]
Erdbeereis	**strawberry ice cream**	[ˈstrɔːbərɪ ˈaɪs kriːm]
Feuerzeug	**lighter**	[ˈlaɪtə]
Flasche	**bottle**	[bɒtl]
Fruchtcocktail	**fruit cocktail**	[ˈfruːt kɒkteɪl]
gemischtes Eis	**mixed ice cream**	[ˈmɪkst ˈaɪs kriːm]
Glas	**glass**	[glɑːs]

i

Üblicherweise holt man sich in einem Pub die Getränke selbst am Tresen und bezahlt sofort, und zwar eine Runde für die ganze Gruppe.
Traditionell läuteten in britischen Pubs um 22.30 Uhr die Glocken zu den „last orders". Heute ist die allgemeine Sperrstunde (23.00) aufgehoben.

Kaffee	**coffee**	[ˈkɒfɪ]
Kaffeetasse	**coffee cup**	[ˈkɒfɪ kʌp]

Kneipe	**pub**	[pʌb]
Kuchen	**cake**	[keɪk]
Lokalrunde	**a round**	[ə ˈraʊnd]
Makronen	**macaroons** *pl*	[mækəˈruːnz]
Milch	**milk**	[mɪlk]
Milchkännchen	**milk jug**	[ˈmɪlk dʒʌg]
Musik	**music**	[ˈmjuːzɪk]
Plätzchen	**biscuit** *UK*/**cookie** *US*	[ˈbɪskɪt/ˈkʊkɪ]
Prost!	**Cheers!**	[tʃɪəz]
Sahne	**cream**	[kriːm]
Sahnetorte	**cream pie**	[ˈkriːm paɪ]
Schokolade	**chocolate**	[ˈtʃɒklət]
Schokoladeneis	**chocolate ice cream**	[ˈtʃɒklət ˈaɪs kriːm]
Serviette	**napkin**	[ˈnæpkɪn]
Strohhalm	**straw**	[strɔː]
Tanz	**dance**	[dɑːns]
Tee	**tea**	[tiː]
Teegebäck	**biscuits** *UK*/ **cookies** *US pl*	[ˈbɪskɪts/ˈkʊkɪz]
Tisch	**table**	[ˈteɪbl]
Tischkerze	**candle**	[ˈkændl]
Torte	**pie**	[paɪ]
Trinkgeld	**tip**	[tɪp]
Untertasse	**saucer**	[ˈsɔːsə]
Vanilleeis	**vanilla ice cream**	[vəˈnɪlə ˈaɪs kriːm]
Zigarettenautomat	**cigarette machine**	[ˈsɪgəret məˈʃiːn]
Zitroneneis	**lemon ice cream**	[ˈlemən ˈaɪs kriːm]
Zucker	**sugar**	[ˈʃʊgə]
Zuckerstreuer	**sugar shaker**	[ˈʃʊgə ʃeɪkə]
Zuckertütchen	**sugar sachet**	[ˈʃʊgə sæʃeɪ]

alkoholfrei	**non-alcoholic**	[nɒnælkəˈhɒlɪk]
Apfelsaft	**apple juice**	[ˈæpl dʒuːs]
Apfelwein	**cider**	[ˈsaɪdə]
Bier	**beer**	[bɪə]
Bier vom Fass	**draught beer**	[ˈdrɑːft bɪə]
helles Bier	**lager**	[ˈlɑːgə]
Cappuccino	**cappuccino**	[kæpəʊˈtʃiːnəʊ]
Champagner	**champagne**	[ʃæmˈpeɪn]
Cocktail	**cocktail**	[ˈkɒkteɪl]
Dessertwein	**sweet wine**	[swiːt ˈwaɪn]
Fruchtsaft	**fruit juice**	[ˈfruːt dʒuːs]
heiße Schokolade	**hot chocolate**	[hɒt ˈtʃɒklɪt]
Kaffee	**coffee**	[ˈkɒfɪ]
Kognak	**brandy**	[ˈbrændɪ]
Likör	**liqueur**	[lɪˈkjʊə]
Limonade	**lemonade**	[ˈleməneɪd]
Longdrinks	**long drinks** *pl*	[ˈlɒŋ drɪŋks]
Magenbitter	**bitters** *pl*	[ˈbɪtəz]
Mineralwasser	**mineral water**	[ˈmɪnərəl wɔːtə]
mit/ohne Kohlensäure	**sparkling/non-sparkling**	[ˈspɑːklɪŋ/ˈnɒn-spɑːklɪŋ]
Orangensaft	**orange juice**	[ˈɒrɪndʒ dʒuːs]
Portwein	**port**	[pɔːt]
Rotwein	**red wine**	[red ˈwaɪn]
Sekt	**sparkling wine**	[ˈspɑːklɪŋ waɪn]
stilles Wasser	**still water**	[ˈstɪl wɔːtə]
Tischwein	**table wine**	[ˈteɪbl waɪn]
Tomatensaft	**tomato juice**	[təˈmɑːtəʊ dʒuːs]
Weißwein	**white wine**	[waɪt ˈwaɪn]
Whisky	**whisk(e)y**	[ˈwɪskɪ]

Shopping & Service

Heute im Angebot!	**Special today!**	[ˈspeʃl təˈdeɪ]
Wo bitte sind die Einkaufswagen?	**Where are the trol-leys, please?**	[weə ɑː ðə ˈtrɒlɪz pliːz]
Können Sie mir Geld wechseln?	**Can you change this for me?**	[kən jʊ ˈtʃeɪndʒ ðɪs fə mɪ]
Ich möchte ...	**I'd like...**	[aɪd ˈlaɪk...]
Haben Sie ...?	**Have you got...?**	[həv jʊ ˈgɒt...]
Wo finde ich ...?	**Where is/are...?**	[weər ɪz/ɑː...]
Wo ist die ... Abteilung?	**Where's the... section?**	[weəz ðə... ˈsekʃn]
Wie teuer ist das?	**How much is that?**	[haʊ ˈmʌtʃ ɪz ðæt]
Gibt es das auch einzeln?	**Can I buy one separ-ately?**	[kən aɪ ˈbaɪ wʌn ˈseprətlɪ]
Haben Sie auch ein ähnliches Produkt?	**Have you got a similar product?**	[həv jʊ gɒt ə ˈsɪmɪlə ˈprɒdʌkt]
Ich hätte gerne ein Bund/100 Gramm/ 1 Kilo/eine Flasche/ Dose/ein Glas hiervon.	**I'd like a bunch/ 100 grams/a kilo/a bottle/can/glass of this.**	[aɪd laɪk ə ˈbʌntʃ/ə ˈhʌndrəd ˈgræmz/ ə ˈkiːləʊ/ə ˈbɒtl/ ˈkæn/ˈglɑːs əv ðɪs]

Könnten Sie mir etwas hiervon abwiegen?	**Can you weigh this?**	[kən jʊ ˈweɪ ðɪs]
Kann ich Ihnen helfen?	**Can I help you?**	[kən aɪ ˈhelp jʊ]
Danke, ich werde schon bedient.	**Thanks, I'm already being served.**	[ˈθæŋks aɪm ɔːl-ˈredɪ biːɪŋ ˈsɜːvd]
Danke, das ist alles.	**Thanks, that's all.**	[ˈθæŋks ðæts ˈɔːl]
Eine Tragetasche, bitte.	**A carrier bag, please.**	[ə ˈkærɪə bæg pliːz]
Haben Sie auch Papiertüten?	**Have you got paper bags?**	[həv jʊ gɒt ˈpeɪpə bægz]
Können Sie es mir einpacken?	**Can you pack it for me?**	[kən jʊ ˈpæk ɪt fə mɪ]
Was macht/kostet das zusammen?	**How much is that in total?**	[haʊ ˈmʌtʃ ɪz ðæt ɪn ˈtəʊtəl]
Kann ich mit EC-Karte/ Kreditkarte zahlen?	**Can I pay by debit card** *UK*/**ATM card** *US*/**credit card?**	[kən aɪ ˈpeɪ baɪ ˈdebɪt kɑːd/eɪtiːˈem kɑːd/ˈkredɪt kɑːd]
Nehmen Sie auch Euro/Reiseschecks?	**Do you take euros/ traveller's cheques?**	[dʊ jʊ teɪk ˈjʊərəʊz/ ˈtrævələz tʃeks]

Aftershave	**aftershave**	[ˈɑːftəʃeɪv]
Alkohol	**alcohol**	[ˈælkəhɒl]
Babynahrung	**baby food**	[ˈbeɪbɪ fuːd]
Bananen	**bananas** *pl*	[bəˈnɑːnəz]
Bier	**beer**	[bɪə]
Binden (Damen-)	**sanitary towels** *UK*/ **sanitary napkins** *US pl*	[ˈsænətrɪ taʊəlz/ ˈsænətrɪ næpkɪnz]
Brot	**bread**	[bred]
Brötchen	**rolls** *pl*	[rəʊlz]
Butter	**butter**	[ˈbʌtə]
Buttermilch	**buttermilk**	[ˈbʌtəmɪlk]
Chips	**crisps** *UK*/**chips** *US pl*	[krɪsps/tʃɪps]
Deodorant	**deodorant**	[diːˈəʊdərənt]
Duschgel	**shower gel**	[ˈʃaʊə dʒel]
Eier	**eggs** *pl*	[egz]
Eis	**ice cream**	[ˈaɪs kriːm]
Essig	**vinegar**	[ˈvɪnɪgə]
Feuchttücher	**tissues** *pl*	[ˈtɪʃuːz]
Fisch	**fish**	[fɪʃ]
Fleisch	**meat**	[miːt]
frisch	**fresh**	[freʃ]
Fruchtsaft	**fruit juice**	[ˈfruːt dʒuːs]
Gebäck	**pastries** *pl*	[ˈpeɪstrɪz]
Gemüse	**vegetables** *pl*	[ˈvedʒtəblz]
Haferflocken	**oats flakes** *pl*	[ˈəʊt fleɪks]
Honig	**honey**	[ˈhʌnɪ]
Hundefutter	**dog food**	[ˈdɒg fuːd]
Joghurt	**yogurt**	[ˈjɒgət]
Kaffee	**coffee**	[ˈkɒfɪ]
Käse	**cheese**	[tʃiːz]

Kekse	**biscuits** *UK/* **cookies** *US pl*	[ˈbɪskɪts/ˈkʊkɪz]
Konserven	**canned food**	[ˈkænd fu:d]
Kuchen	**cake**	[keɪk]
Limonade	**lemonade**	[ˈleməneɪd]
Mayonnaise	**mayonnaise**	[meɪəˈneɪz]

> *In den USA erhalten Sie in den so genannten „drugstores“ sowohl Medikamente als auch Lebensmittel und Zeitschriften.*

Margarine	**margarine**	[ˈmɑ:dʒəri:n]
Marmelade	**jam**	[dʒæm]
Mehl	**flour**	[ˈflaʊə]
Milch (fettarme)	**(semi-skimmed) milk**	[(ˈsemɪskɪmd) mɪlk]
Mineralwasser mit/ ohne Kohlensäure	**sparkling/still mineral water**	[ˈspɑ:klɪŋ/ˈstɪl ˈmɪnərəl wɔ:tə]
Müsli	**muesli**	[ˈmju:zlɪ]
Nudeln	**pasta**	[ˈpæstə]
Nüsse	**nuts** *pl*	[nʌts]
Obst	**fruit**	[fru:t]
Öffnungszeiten	**opening hours** *pl*	[ˈəʊpnɪŋ aʊəz]
Olivenöl	**olive oil**	[ˈɒlɪv ɔɪl]
Orangensaft	**orange juice**	[ˈɒrɪndʒ dʒu:s]
Parfüm	**perfume**	[ˈpɜ:fju:m]
Petersilie	**parsley**	[ˈpɑ:slɪ]
Pfeffer	**pepper**	[ˈpepə]
Pilze	**mushrooms** *pl*	[ˈmʌʃrʊmz]
Pralinen	**chocolates** *pl*	[ˈtʃɒkləts]

Quark	**quark**	[ˈkwɑːk]
Reis	**rice**	[raɪs]
Sahne	**cream**	[kriːm]
Salami	**salami**	[səˈlɑːmɪ]
Salat	**salad**	[ˈsæləd]
Salz	**salt**	[sɔːlt]
Schinken	**ham**	[hæm]
Schnaps	**spirits** *pl*	[ˈspɪrɪts]
Schnuller	**dummy** *UK*/ **pacifier** *US*	[ˈdʌmɪ/ˈpæsɪfaɪər]
Schokolade	**chocolate**	[ˈtʃɒklət]
Seife	**soap**	[səʊp]
Sekt	**sparkling wine**	[ˈspɑːklɪŋ waɪn]
Senf	**mustard**	[ˈmʌstəd]
Spinat	**spinach**	[ˈspɪnɪtʃ]
Suppe	**soup**	[suːp]
Süßigkeiten	**sweets** *pl*	[swiːts]
Tampon	**tampon**	[ˈtæmpɒn]
Tee (schwarz)	**(black) tea**	[(blæk) tiː]
Thunfisch	**tuna**	[ˈtjuːnə]
Toast	**toast**	[təʊst]
Toilettenpapier	**toilet paper**	[ˈtɔɪlət peɪpə]
Watte	**cotton**	[ˈkɒtn]
Wattestäbchen	**cotton buds** *pl*	[ˈkɒtn bʌdz]
Windeln	**nappies** *UK*/ **diapers** *US pl*	[ˈnæpiːz/ˈdaɪpərz]
Wein	**wine**	[waɪn]
Wurstaufschnitt	**cold cuts** *pl*	[kəʊld ˈkʌts]
Würstchen	**sausage**	[ˈsɒsɪdʒ]
Zucker	**sugar**	[ˈʃʊgə]

Wo ist ein gutes Bekleidungsgeschäft?	**Where's a good clothes shop?**	[weəz ə gʊd kləʊðz 'ʃɒp]
Können Sie mir ... zeigen?	**Can you show me...?**	[kən jʊ 'ʃəʊ mɪ...]
Ich möchte ein Paar ... Schuhe.	**I'd like a pair of... shoes.**	[aɪd laɪk ə 'peər əv... 'ʃu:z]
Ich habe Konfektionsgröße/Schuhgröße ...	**I wear a size...**	[aɪ 'weər ə saɪz...]
Haben Sie das auch in Größe ...?	**Do you have it in size...?**	[dʊ jʊ 'hæv ɪt ɪn 'saɪz...]
Gibt es dieses Teil auch in .../einer anderen Farbe?	**Have you got this size in.../another colour?**	[həv jʊ gɒt ðɪs 'saɪz ɪn.../ənʌðə 'kʌlə]
Ist das farbecht/ knitterfrei/pflegeleicht?	**Is it colour fast/ non-crease/ easy-care?**	[ɪz ɪt 'kʌlə fa:st/ nɒn'kri:s/'i:sɪkeə]
Aus welchem Material ist das?	**What material is this?**	[wɒt mə'tɪərɪəl ɪz ɪt]
Kann ich es anprobieren?	**Could I try it on?**	[kʊd aɪ traɪ ɪt 'ɒn]

Wo sind die Umkleidekabinen?	**Where are the fitting rooms?**	[weər ə ðə ˈfɪtɪŋ ruːmz]
Das ist mir zu eng/weit/lang/kurz/klein/groß/bunt.	**It's too tight/loose/long/short/small/big/colourful.**	[ɪts ˈtuː ˈtaɪt/ˈluːs/ˈlɒŋ/ˈʃɔːt/ˈsmɔːl/ˈbɪg/ˈkʌləfʊl]
Das passt gut, ich würde es gerne nehmen.	**It fits well, I'll take it.**	[ɪt fɪts ˈwel aɪl ˈteɪk ɪt]
Können Sie das für mich ändern lassen?	**Can you tailor it for me?**	[kən jʊ ˈteɪlə ɪt fə mɪ]
Kann ich das bitte umtauschen?	**Can I exchange this, please?**	[kən aɪ ɪks-ˈtʃeɪndʒ ðɪs pliːz]
Können Sie diese Schuhe reparieren?	**Can these shoes be repaired?**	[kən ðiːz ˈʃuːz bɪ rɪˈpeəd]
Diese Schuhe drücken mich.	**These shoes pinch.**	[ðiːz ˈʃuːz ˈpɪntʃ]
Haben Sie eine Nummer größer/kleiner?	**Have you got a larger/smaller size?**	[həv jʊ gɒt ə ˈlɑːdʒə/ˈsmɔːlə saɪz]
Ich brauche neue Sohlen/Schuhcreme/neue Schnürsenkel.	**I need new soles/shoe polish/new laces.**	[aɪ niːd njuː səʊlz/ˈʃuː pɒlɪʃ/njʊː ˈleɪsɪs]

Anzug	**suit**	[suːt]
Badeanzug	**swimsuit**	[ˈswɪmsuːt]
Badehose	**swimming trunks** *pl*	[ˈswɪmɪŋ trʌŋks]
Badeschuhe	**beach shoes** *pl*	[ˈbiːtʃ ʃuːz]
Baumwolle	**cotton**	[ˈkɒtn]
BH	**bra**	[brɑː]
Bikini	**bikini**	[bɪˈkiːnɪ]
blau	**blue**	[bluː]
Bluse	**blouse**	[blaʊz]
Farbe	**colour**	[ˈkʌlə]
gelb	**yellow**	[ˈjeləʊ]
gestreift	**striped**	[ˈstraɪpt]
Größe	**size**	[saɪz]
grün	**green**	[griːn]
Gürtel	**belt**	[belt]
Handschuhe	**gloves** *pl*	[ˈglʌvz]
Hemd	**shirt**	[ʃɜːt]
Hose	**trousers** *UK*/ **pants** *US pl*	[ˈtraʊzəz/pænts]
Hut	**hat**	[hæt]
Jacke	**jacket**	[ˈdʒækɪt]
Jeans	**jeans**	[ˈdʒiːnz]
Jogginghose	**jogging shorts** *pl*	[ˈdʒɒgɪŋ ʃɔːts]
kariert	**chequered**	[ˈtʃekəd]
Kleid	**dress**	[dres]
Kostüm	**suit**	[suːt]
Krawatte	**tie**	[taɪ]
Leder	**leather**	[ˈleðə]
Leinen	**linen**	[ˈlɪnɪn]
lila	**purple**	[ˈpɜːpl]

Mantel	**coat**	[kəʊt]
Mütze	**cap**	[kæp]
Nachthemd	**nightshirt**	[ˈnaɪtʃɜːt]
Pullover	**pullover**	[ˈpʊləʊvə]
Regenmantel	**raincoat**	[ˈreɪnkəʊt]
Rock	**skirt**	[skɜːt]
rot	**red**	[red]
Rucksack	**backpack**	[ˈbækpæk]
Sandalen	**sandals** *pl*	[ˈsændlz]
Schal	**scarf**	[skɑːf]
Schirm	**umbrella**	[ʌmˈbrelə]
Schlafanzug	**pyjamas** *pl*	[pəˈdʒɑːməz]
Schuhe	**shoes** *pl*	[ʃuːz]
schwarz	**black**	[blæk]
Seide	**silk**	[sɪlk]
Shorts	**shorts** *pl*	[ʃɔːts]
Skihose	**ski trousers** *pl*	[ˈskiː traʊzəz]
Slip	**briefs** *pl*	[briːfs]
Socken	**socks** *pl*	[sɒks]
Stiefel	**boots** *pl*	[buːts]
Strickjacke	**cardigan**	[ˈkɑːdɪgən]
Strümpfe	**stockings** *pl*	[ˈstɒkɪŋz]
Strumpfhose	**tights** *pl*	[ˈtaɪts]
Tasche	**bag**	[bæg]
T-Shirt	**T-shirt**	[ˈtiːʃɜːt]
Turnschuhe	**trainers** *pl*	[ˈtreɪnəz]
Unterhose	**underpants** *pl*	[ˈʌndəpænts]
Unterwäsche	**underwear**	[ˈʌndəweə]
weiß	**white**	[waɪt]
Wolle	**wool**	[wʊl]

Brustumfang	**chest measurement**	[tʃest ˈmeʒəmənt]
Bundweite	**waist size**	[ˈweɪst saɪz]
Länge	**length**	[leŋθ]
Körbchengröße	**cup size**	[ˈkʌp saɪz]
sehr klein	**extra small (XS)**	[extra ˈsmɔːl]
klein	**small (S)**	[smɔːl]
mittel	**medium (M)**	[ˈmiːdjəm]
groß	**large (L)**	[lɑːdʒ]
sehr groß	**extra large (XL)**	[ˈekstrə lɑːdʒ]
sehr sehr groß	**extra extra large (XXL)**	[ˈekstrə ˈekstrə lɑːdʒ]
37	**thirty-seven**	[θɜːtɪˈsevn]
38	**thirty-eight**	[θɜːtɪˈeɪt]
39	**thirty-nine**	[θɜːtɪˈnaɪn]
40	**forty**	[ˈfɔːtɪ]
41	**forty-one**	[fɔːtɪˈwʌn]
42	**forty-two**	[fɔːtɪˈtuː]
43	**forty-three**	[fɔːtɪˈθriː]
44	**forty-four**	[fɔːtɪˈfɔː]
45	**forty-five**	[fɔːtɪˈfaɪv]
46	**forty-six**	[fɔːtɪˈsɪks]
47	**forty-seven**	[fɔːtɪˈsevn]
48	**forty-eight**	[fɔːtɪˈeɪt]

i

In England sind die kontinentalen Größen häufig auch angegeben. Bei Kleidung entspricht Größe 12 ungefähr der deutschen Größe 38, 14 der Größe 40 usw.; bei Schuhen entspricht die deutsche Größe 37 der Größe 4, Größe 38 der 5 usw.

Ich suche einen Optiker.	**I'm looking for an optician.**	[aɪm ˈlʊkɪŋ fər ən ɒpˈtɪʃn]
Ich möchte eine Sonnenbrille.	**I'd like (a pair of) sunglasses.**	[aɪd laɪk (ə peə əv) ˈsʌnglɑːsɪz]
Meine Brille ist kaputt.	**My glasses are broken.**	[maɪ ˈglɑːsɪz ə brəʊkn]
Würden Sie mir bitte diese Brille/ Fassung reparieren?	**Could you repair these glasses/ frames?**	[kʊd jʊ rɪˈpeə ðiːz ˈglɑːsɪz/ˈfreɪmz]
Ich brauche Gläser mit ... Dioptrien.	**I need lenses with a strength of...**	[aɪ niːd ˈlenzɪz wɪð ə ˈstreŋθ əv...]
Ich bin kurzsichtig/ weitsichtig.	**I'm short-sighted/ long-sighted.**	[aɪm ˈʃɔːtsaɪtɪd/ ˈlɒŋsaɪtɪd]
Wann kann ich die Brille abholen?	**When can I pick the glasses up?**	[wen kən aɪ ˈpɪk ðə ˈglɑːsɪz ʌp]
Ich habe eine Kontaktlinse verloren.	**I've lost a contact lens.**	[aɪv lɒst ə ˈkɒntækt ˈlenz]
Ich brauche Reinigungs-/Aufbewahrungslösung für harte/ weiche Kontaktlinsen.	**I need cleaning/ soaking solution for hard/soft contact lenses.**	[aɪ niːd ˈkliːnɪŋ/ ˈsəʊkɪŋ səˈluːʃn fə hɑːd/soft ˈkɒntækt lenzɪz]

Aufbewahrungs-lösung	**contact lens solution**	[ˈkɒntækt lenz səˈluːʃn]
Brille	**glasses** *pl*	[ˈglɑːsɪz]
Brillenetui	**glasses case**	[ˈglɑːsɪz keɪs]
Brillenfassung	**frame**	[freɪm]
Brillenglas	**(glass) lens**	[(glɑːs) lenz]
Brillenputztuch	**glasses cloth/wipe**	[ˈglɑːsɪz klɒθ/waɪp]
Bügel	**ear piece**	[ˈɪə piːs]
Dioptrien	**dioptres** *pl*	[daɪˈɒptəz]
Eintageslinsen	**daily lenses** *pl*	[ˈdeɪlɪ ˈlenzɪz]
Entspiegelung	**anti-reflection**	[æntɪrɪˈflekʃn]
Gestell	**frame**	[freɪm]
Fernglas	**binoculars** *pl*	[bəˈnɒkjʊləz]
Kontaktlinsen	**contact lenses** *pl*	[ˈkɒntækt lenzɪz]
Kunststoffglas	**plastic lens**	[ˈplæstɪk lenz]
Kurzsichtigkeit	**short-sightedness**	[ʃɔːtˈsaɪtɪdnɪs]
Lesebrille	**reading glasses** *pl*	[ˈriːdɪŋ glɑːsɪz]
Lupe	**magnifying glass**	[ˈmægnɪfaɪɪŋ glɑːs]
minus	**minus**	[ˈmaɪnəs]
plus	**plus**	[plʌs]
Reinigungslösung	**cleaning solution**	[ˈkliːnɪŋ səˈluːʃn]
Rezept	**prescription**	[prɪˈskrɪpʃn]
Sehschärfe	**eyesight**	[ˈaɪsaɪt]
Sehtest	**eye test**	[ˈaɪ test]
Sonnenbrille	**sunglasses** *pl*	[ˈsʌnglɑːsɪz]
verdunkelt	**darkened**	[ˈdɑːknd]
Weitsichtigkeit	**long-sightedness**	[lɒŋˈsaɪtɪdnɪs]

Haben Sie deutsche Zeitungen/Zeitschriften?	**Have you got German newspapers/magazines?**	[həv jʊ gɒt dʒɜːmən ˈnjuːzpeɪpəz/mægəˈziːnz]
Ich brauche einen Reiseführer/eine Wanderkarte von dieser Gegend.	**I need a travel guide/hiking map for this area.**	[aɪ niːd ə ˈtrævl gaɪd/ˈhaɪkɪŋ mæp fə ðɪs ˈeərɪə]
Ich hätte gerne eine Speicherkarte/Akkus für diese Kamera.	**A memory card/Rechargeable batteries for this camera, please.**	[ə ˈmeməri kɑːd/rɪˈtʃɑːdʒəbl ˈbætrɪz fə ðɪs ˈkæmərə pliːz]
Der Auslöser/Blitz funktioniert nicht.	**The shutter release/flash doesn't work.**	[ðə ˈʃʌtə rɪˈliːs/ˈflæʃ dʌznt ˈwɜːk]
Können Sie die Bilder von meiner Digitalkamera auf CD brennen?	**Could you burn the pictures from my camera on CD?**	[kʊd jʊ ˈbɜːn ðə ˈpɪktʃəz frɒm maɪ ˈkæmərə ɒn siːˈdiː]
Haben Sie Briefumschläge?	**Have you got any envelopes?**	[həv jʊ gɒt ˈenɪ ˈenvələʊps]
Bekomme ich bei Ihnen auch Briefmarken?	**Can I get stamps here?**	[kən aɪ get ˈstæmps hɪə]
Wie teuer sind diese Ansichtskarten?	**How much are these postcards?**	[haʊ ˈmʌtʃ ɑː ðiːz ˈpəʊstkɑːdz]

Akku	**rechargeable battery**	[rɪˈtʃɑːdʒəbl ˈbætrɪ]
Ansichtskarte	**(picture) postcard**	[(pɪkʃə) ˈpəʊstkɑːd]
Batterien	**batteries** *pl*	[ˈbætrɪz]
Bleistift	**pencil**	[ˈpensl]
Briefmarke	**stamp**	[stæmp]
Briefumschlag	**envelope**	[ˈenvələʊp]
Digitalkamera	**digital camera**	[ˈdɪdʒɪtl ˈkæmərə]
Feuerzeug	**lighter**	[ˈlaɪtə]
Fotos hochladen	**to upload photos**	[ʌpˈləʊd ˈfəʊtəʊz]
Gummiband	**rubber band**	[ˈrʌbə bænd]
Klebstoff	**glue**	[gluː]
Kugelschreiber	**ballpoint pen**	[ˈbɔːlpɔɪnt pen]
Landkarte	**map**	[mæp]
Notizblock	**notepad**	[ˈnəʊtpæd]
Papier	**paper**	[ˈpeɪpə]
Radiergummi	**rubber**	[ˈrʌbə]
Reiseführer	**travel guide**	[ˈtrævl gaɪd]
Spiegelreflexkamera	**SLR camera**	[eselˈɑː ˈkæmərə]
Speicherkarte	**memory card**	[ˈmemərɪ kɑːd]
Stadtplan	**city map**	[ˈsɪtɪ mæp]
Stift	**pen**	[pen]
Straßenkarte	**street map**	[ˈstriːt mæp]
Tabak	**tobacco**	[təˈbækəʊ]
Taschenbuch	**paperback**	[ˈpeɪpəbæk]
Wanderkarte	**hiking map**	[ˈhaɪkɪŋ mæp]
Zeitschrift	**magazine**	[mægəˈziːn]
Zeitung	**newspaper**	[ˈnjuːzpeɪpə]
Zigarette	**cigarette**	[ˈsɪgəret]

Welche Souvenirs sind typisch für diese Gegend?	**Which souvenirs are typical of this region?**	[wɪtʃ suːvəˈnɪəz ɑː ˈtɪpɪkl əv ðɪs ˈriːdʒən]
Ich möchte ein hübsches Andenken/ Geschenk kaufen.	**I'd like to buy a nice souvenir/present.**	[aɪd laɪk tə ˈbaɪ ə naɪs suːvəˈnɪə/ ˈpreznt]
Dieses Schmuckstück ist wunderschön.	**This jewellery is beautiful.**	[ðɪs ˈdʒuːəlrɪ ɪz ˈbjuːtɪfəl]
Aus welchem Material ist das?	**What's it made of?**	[wɒts ɪt ˈmeɪd ɒv]
Ist das Handarbeit/ antik/echt?	**Is it hand-made/ antique/genuine?**	[ɪz ɪt ˈhændmeɪd/ ænˈtiːk/ˈdʒenjʊɪn]
Gibt es ein Zertifikat darüber?	**Have you got a certificate for it?**	[həv jʊ gɒt ə səˈtɪfɪkət fər ɪt]
Könnte ich diese Kette/dieses Tuch anprobieren?	**Can I try on this necklace/scarf?**	[kən aɪ ˈtraɪ ɒn ðɪs ˈnekləs/ˈskɑːf]
Darf ich das Stück mal anfassen?	**May I touch this?**	[meɪ aɪ ˈtʌtʃ ðɪs]
Können Sie mir das zeigen?	**Can you show it to me?**	[kən jʊ ˈʃəʊ ɪt tʊ mɪ]

Anhänger	**pendant**	[ˈpendənt]
antik	**antique**	[ænˈtiːk]
Armband	**bracelet**	[ˈbreɪslət]
Armbanduhr	**watch**	[ˈwɒtʃ]
Bild	**picture**	[ˈpɪkʃə]
Brosche	**broach**	[brəʊtʃ]
Buch	**book**	[bʊk]
echt	**genuine**	[ˈdʒenjʊɪn]
Edelstein	**gem**	[dʒem]
Figur	**figurine**	[fɪgəˈriːn]
Gold	**gold**	[gəʊld]
handgemacht	**hand-made**	[ˈhændmeɪd]
Hut	**hat**	[hæt]
Karat	**carat**	[ˈkærət]
Kette	**chain/necklace**	[tʃeɪn/ˈnekləs]
Kristall	**crystal**	[ˈkrɪstl]
Kunsthandwerk	**arts and crafts** *pl*	[ˈɑːts ənd ˈkrɑːfts]
Modeschmuck	**costume jewellery**	[ˈkɒstjuːm dʒuːəlrɪ]
Ohrringe	**earrings** *pl*	[ˈɪərɪŋz]
Perle	**pearl**	[pɜːl]
Ring	**ring**	[rɪŋ]
Schmuck	**jewellery**	[ˈdjuːəlrɪ]
Silber	**silver**	[ˈsɪlvə]
Souvenir	**souvenir**	[suːvəˈnɪə]
Statue	**statue**	[ˈstætjuː]
Tasse	**cup**	[kʌp]
Vase	**vase**	[vɑːz]
vergoldet	**gold-plated**	[ˈgəʊldpleɪtɪd]
versilbert	**silver-plated**	[ˈsɪlvəpleɪtɪd]

Flohmarkt und Wochenmarkt

Wann findet der Wochenmarkt statt?	**When is the weekly market held?**	[wen ɪz ðə wi:klɪ ˈmɑ:kɪt ˈheld]
Wo findet der Flohmarkt heute statt?	**Where's the flea market today?**	[weəz ðə ˈfli: mɑ:kɪt təˈdeɪ]
Ich hätte gern ein Pfund/Kilo ...	**I'd like a pound/kilo of...**	[aɪd laɪk ə ˈpaʊnd/ ˈki:ləʊ əv...]
Danke, das ist alles.	**That's all, thanks.**	[ðæts ˈɔ:l ˈθæŋks]
Ist der Preis verhandelbar?	**Is the price negotiable?**	[ɪz ðə ˈpraɪs nɪˈgəʊʃɪəbl]
Das ist mir zu teuer.	**It's too much.**	[ɪts ˈtu: ˈmʌtʃ]
alt	**old**	[əʊld]
anbieten	**to offer**	[ˈɒfə]
antik	**antique**	[ænˈti:k]
Antiquitäten	**antiques** *pl*	[ænˈti:ks]
feilschen	**to haggle**	[ˈhægl]
Frischobst	**fresh fruit**	[freʃ ˈfru:t]
günstig	**cheap**	[tʃi:p]
Händler	**merchant**	[ˈmɜ:tʃnt]
kaufen	**to buy**	[baɪ]
Markthalle	**covered market**	[kʌvəd ˈmɑ:kɪt]
Kleidung	**clothing**	[ˈkləʊðɪŋ]
Stand	**stand**	[stænd]
verkaufen	**to sell**	[sel]
Wochenmarkt	**weekly market**	[wi:klɪ ˈmɑ:kɪt]

Ananas	**pineapple**	[ˈpaɪnæpl]
Apfel	**apple**	[æpl]
Apfelsine	**orange**	[ˈɒrɪndʒ]
Aprikose	**apricot**	[ˈeɪprɪkɒt]
Artischocken	**artichokes** *pl*	[ˈɑːtɪtʃəʊks]
Aubergine	**aubergine** *UK/* **eggplant** *US*	[ˈəʊbəʒiːn/ ˈegplɑːnt]
Banane	**banana**	[bəˈnɑːnə]
Birne	**pear**	[peə]
Blumenkohl	**cauliflower**	[ˈkɔːlɪflaʊə]
Bohnen	**beans** *pl*	[biːnz]
Brokkoli	**broccoli**	[ˈbrɒkəlɪ]
Brombeeren	**blackberries** *pl*	[ˈblækberɪz]
Champignons	**mushrooms** *pl*	[ˈmʌʃrʊmz]
Datteln	**dates** *pl*	[deɪts]
Erbsen	**peas** *pl*	[piːz]
Erdbeeren	**strawberries** *pl*	[ˈstrɔːbərɪz]
Feigen	**figs** *pl*	[fɪgz]
Granatapfel	**pomegranate**	[ˈpɒmɪgrænɪt]
Grapefruit	**grapefruit**	[ˈgreɪpfruːt]
Gurke	**cucumber**	[ˈkjuːkʌmbə]
Haselnüsse	**hazelnuts** *pl*	[ˈheɪzlnʌts]
Heidelbeeren	**blueberries** *pl*	[ˈbluːbərɪz]
Himbeeren	**raspberries** *pl*	[ˈrɑːzbərɪz]
Honigmelone	**honeydew melon**	[ˈhʌnɪdjuː melən]
Karotten	**carrots** *pl*	[ˈkærəts]
Kartoffeln	**potatoes** *pl*	[pəˈteɪtəʊz]
Kastanien	**chestnuts** *pl*	[ˈtʃesnʌts]
Kirschen	**cherries** *pl*	[ˈtʃerɪz]
Kohl	**cabbage**	[ˈkæbɪdʒ]

Kohlrabi	**kohlrabi**	[kəʊlˈrɑːbɪ]
Kopfsalat	**lettuce**	[ˈletɪs]
Kürbis	**pumpkin**	[ˈpʌmpkɪn]
Lauch/Porree	**leek**	[liːk]
Linsen	**lentils** *pl*	[ˈlentɪlz]
Mais	**(sweet)corn**	[ˈ(swiːt)kɔːn]
Mandarine	**mandarin**	[ˈmændərɪn]
Nüsse	**nuts** *pl*	[nʌts]
Paprikaschoten	**bell peppers** *pl*	[bel ˈpepəz]
Pfifferlinge	**chanterelles** *pl*	[ˈʃɑːntərelz]
Pfirsich	**peach**	[piːtʃ]
Pflaumen	**plums** *pl*	[plʌmz]
Pilze	**mushrooms** *pl*	[ˈmʌʃrʊmz]
Radieschen	**radishes** *pl*	[ˈrædɪʃɪz]
Rhabarber	**rhubarb**	[ˈruːbɑːb]
Rosenkohl	**Brussels sprouts** *pl*	[brʌsəlz ˈspræʊts]
Rote Rüben	**turnips** *pl*	[ˈtɜːnɪps]
Salat	**salad**	[ˈsæləd]
Schnittlauch	**chives** *pl*	[tʃaɪvz]
Sellerie	**celery**	[ˈselərɪ]
Spargel	**asparagus**	[əˈspærəgəs]
Spinat	**spinach**	[ˈspɪnɪtʃ]
Stachelbeeren	**gooseberries** *pl*	[ˈguːsberɪz]
Tomaten	**tomatoes** *pl*	[təˈmɑːtəʊz]
Walnüsse	**walnuts** *pl*	[ˈwɔːlnʌts]
Wassermelone	**watermelon**	[ˈwɔːtəmelən]
Weintrauben	**grapes** *pl*	[ˈgreɪps]
Wirsing	**savoy cabbage**	[səˈvɔɪ ˈkæbɪdʒ]
Zwiebeln	**onions** *pl*	[ˈʌnjənz]

SERVICE
PAKISTAN POSTAGE
URUGUAY
REVENUE
POSTAGE
MANUEL
NEW ZEALAND
BERLIN
PAKISTAN
10 PAISA
HELVETIA
SUOMI FINLAND
CORREOS

Bank & Post

Wann öffnet/ schließt die Bank?	**When does the bank open/close?**	[wen dʌz ðə ˈbæŋk ˈəʊpn/ˈkləʊz]
Entschuldigen Sie, wo ist der nächste Geldautomat?	**Excuse me, where's the nearest cash machine?**	[ɪkˈskjuːz miː weəz ðə nɪərəst ˈkæʃ məʃiːn]
Wo kann ich hier Geld wechseln?	**Where can I change some money?**	[weə kən aɪ ˈtʃeɪndʒ sʌm ˈmʌnɪ]
Ich möchte bitte ... Euro wechseln.	**I'd like to change... euros.**	[aɪd laɪk tə ˈtʃeɪndʒ... ˈjʊərəʊz]
Ich möchte ... Euro von meinem Konto abheben.	**I'd like to withdraw... euros from my account.**	[aɪd laɪk tə wɪðdrɔː... ˈjʊərəʊz frɒm maɪ əˈkaunt]
Ich möchte dies einzahlen.	**I'd like to pay this in.**	[aɪd laɪk tə ˈpeɪ ðɪs ˈɪn]
Haben Sie Ihren Ausweis dabei?	**Have you got your identity card on you?**	[həv jʊ ˈgɒt jɔː aɪˈdentətɪ kɑːd ɒn jʊ]
Unterschreiben Sie bitte hier.	**Please sign here.**	[pliːz ˈsaɪn ˈhɪə]
Ich habe meine Reiseschecks verloren.	**I've lost my traveller's cheques.**	[aɪv lɒst maɪ ˈtrævləz tʃeks]

abheben	**to withdraw**	[wɪð'drɔː]
auszahlen	**to pay out**	[peɪ 'aʊt]
Bankkonto	**bank account**	['bæŋk əkaʊnt]
Bankleitzahl	**sort code** *UK*/**bank code** *US*	['sɔːt kəʊd/'bæŋk kəʊd]
Bargeld	**cash**	[kæʃ]
Betrag	**amount**	[ə'maʊnt]
Devisen	**foreign currency**	[fɒrən 'kʌrənsɪ]
EC-Karte	**cash card** *UK*/ **ATM card** *US*	['kæʃ kaːd/ eɪtiː'em kaːrd]
einzahlen	**to pay in**	[peɪ 'ɪn]
Euro	**euro**	['jʊərəʊ]
Gebühr	**charge/fee**	[tʃaːdʒ/fiː]
Geheimzahl	**pin number**	['pɪn nʌmbə]
Geld	**money**	['mʌnɪ]
Geldautomat	**cash machine/ ATM**	['kæʃ məʃiːn/ eɪtiː'em]
Geldschein	**banknote**	['bæŋknəʊt]
Geldwechsel	**exchange**	[ɪks'tʃeɪndʒ]
Kleingeld	**change**	[tʃeɪndʒ]
Konto	**account**	[ə'kaʊnt]
Kreditkarte	**credit card**	['kredɪt kaːd]
Münze	**coin**	[kɔɪn]
Quittung	**receipt**	[rə'siːt]
Reisescheck	**traveller's cheque**	['trævləz tʃek]
Schalter	**counter**	['kaʊntə]
Überweisung	**transfer**	['trænsfɜː]
Währung	**currency**	['kʌrənsɪ]
Wechselkurs	**exchange rate**	[ɪks'tʃeɪndʒ reɪt]
Zahlung	**payment**	['peɪmənt]

Wo finde ich das nächste Postamt/den nächsten Briefkasten?	**Where's the nearest post office/postbox** *UK*/**mailbox** *US*?	[weəz ðə nɪərəst ˈpəʊst ɒfɪs/ˈpəʊst-bɒks/ˈmeɪlbɒks]
Was kostet ein Brief/eine Postkarte nach Deutschland?	**How much is a letter/postcard to Germany?**	[haʊ mʌtʃ ɪz ə ˈletə/ˈpəʊstkɑːd tə ˈdʒɜːmənɪ]
Wie lange braucht eigentlich ein Brief nach Deutschland?	**How long will a letter to Germany take?**	[haʊ ˈlɒŋ wɪl ə ˈletə tə ˈdʒɜːmənɪ teɪk]
Drei Briefmarken zu ... Pence/Cent, bitte.	**Three... pence** *UK*/ **... cent** *US* **stamps, please.**	[θriː ... pens/sent ˈstæmps ˈpliːz]
Ich möchte ein Einschreiben/dieses Paket aufgeben.	**I'd like to post a registered letter/this parcel.**	[aɪd laɪk tə ˈpəʊst ə ˈredʒɪstəd ˈletə/ðɪs ˈpɑːsəl]
Diesen Brief bitte per Luftpost/Express.	**This letter by air-mail/express mail, please.**	[ðɪs ˈletə baɪ ˈeəmeɪl/ekˈspres meɪl ˈpliːz]
Haben Sie Sonder-marken?	**Have you got special issue stamps?**	[həv jʊ gɒt ˈspeʃl ˈɪʃuː stæmps]
Eine Telefonkarte zu ..., bitte.	**A phonecard for..., please.**	[ə ˈfəʊnkɑːd fə... ˈpliːz]

absenden	**to send (off)**	[send (ˈɒf)]
Absender	**sender**	[ˈsendə]
Adresse	**address**	[əˈdres]
Ansichtskarte	**postcard**	[ˈpəʊstkɑːd]
aufgeben	**to post** *UK*/**to mail** *US*	[pəʊst/meɪl]
ausfüllen	**to fill in**	[fɪl ˈɪn]
Bestimmungsort	**destination**	[destɪˈneɪʃn]
Brief	**letter**	[ˈletə]
Briefkasten	**postbox** *UK*/ **mailbox** *US*	[ˈpəʊstbɒks/ ˈmeɪlbɒks]

Briefkästen haben in Großbritannien nicht die Signalfarbe gelb, sondern rot, wie auch die bekannten Telefonzellen.
In den USA sind die Briefkästen des „US Postal Service" blau.

Briefmarke	**stamp**	[stæmp]
Briefträger	**postman**	[ˈpəʊstmən]
Briefumschlag	**envelope**	[ˈenvələʊp]
Drucksache	**printed matter**	[ˈprɪntɪd ˈmætə]
Eilbrief	**express letter**	[ɪkˈspres letə]
Einschreibebrief	**registered letter**	[reˈdʒɪstəd letə]
einwerfen	**to post** *UK*/**to mail** *US*	[pəʊst/meɪl]
einzahlen	**to pay in**	[peɪ ˈɪn]
Empfänger	**addressee**	[ædreˈsiː]
Empfangsbestätigung	**acknowledgement of receipt**	[əkˈnɒlɪdʒmənt əv rɪˈsiːt]
Formular	**form**	[fɔːm]
frankieren	**to stamp**	[stæmp]

Gebühr	**fee**	[fiː]
Gewicht	**weight**	[weɪt]
Hauptpostamt	**main post office**	[meɪn ˈpəʊst ɒfɪs]
Leerung	**collection**	[kəˈlekʃn]
Luftpost	**airmail**	[ˈeəmeɪl]
Münztelefon	**payphone**	[ˈpeɪfəʊn]
per Nachnahme	**cash on delivery**	[ˈkæʃ ɒn dɪˈlɪvərɪ]
nachsenden	**to forward**	[ˈfɔːwəd]
Öffnungszeiten	**opening hours** *pl*	[ˈəʊpnɪŋ aʊəz]
Päckchen	**small parcel**	[smɔːl ˈpɑːsl]
Paket	**parcel**	[ˈpɑːsl]
Paketkarte	**parcel ticket**	[ˈpɑːsl tɪkɪt]
Porto	**postage**	[ˈpəʊstɪdʒ]
Post	**post** *UK*/**mail** *US*	[pəʊst/meɪl]
Postamt	**post office**	[ˈpəʊst ɒfɪs]
Postkarte	**postcard**	[ˈpəʊstkɑːd]
postlagernd	**poste restante**	[ˈpəʊst ˈrestɑːnt]
Postleitzahl	**postcode** *UK*/ **zip code** *US*	[ˈpəʊstkəʊd/ ˈzɪp kəʊd]
Schalter	**counter**	[ˈkaʊntə]
schicken	**to send**	[send]
Sonderbriefmarke	**special issue stamp**	[speʃl ˈɪʃuː stæmp]
Telefax	**fax**	[fæks]
Telefon	**telephone**	[ˈtelɪfəʊn]
unfrankiert	**unstamped**	[ʌnˈstæmpt]
Wertangabe	**declaration of value**	[dekləˈreɪʃn əv ˈvæljuː]
zerbrechlich	**fragile**	[ˈfrædʒaɪl]
Zollerklärung	**customs declaration**	[ˈkʌstəmz dekləˈreɪʃn]

Unterhaltung & Freizeit

Welches Stück wird heute Abend im Theater gegeben?	**What's on at the theatre tonight?**	[wɒts ˈɒn æt ðə ˈθɪətə tənaɪt]
Was läuft morgen Abend im Kino?	**What's on at the cinema tomorrow?**	[wɒts ˈɒn æt ðə ˈsɪnəmə təˈmɒrəʊ]
Wo bekomme ich ein Kinoprogramm?	**Where can I get a cinema programme?**	[weə kən aɪ get ə ˈsɪnəmə prəʊgræm]
Wird in der Stadt ein Musical aufgeführt?	**Can I see a musical in the city?**	[kən aɪ ˈsiː ə ˈmjuːzɪkl ɪn ðə ˈsɪtɪ]
Werden in der Kirche auch Konzerte veranstaltet?	**Do they also hold concerts in the church?**	[dʊ ðeɪ ɔːlsəʊ həʊld ˈkɒnsəts ɪn ðə ˈtʃɜːtʃ]
Können Sie mir ein gutes Stück/einen guten Film empfehlen?	**Can you recommend a good play/film?**	[kən jʊ rekəˈmend ə gʊd ˈpleɪ/ˈfɪlm]
Wann beginnt die Vorstellung?	**When does the performance/film begin?**	[wen dʌz ðə pəˈfɔːməns/fɪlm bɪˈgɪn]
Wo kann ich die Karten kaufen?	**Where can I buy tickets?**	[weə kən aɪ ˈbaɪ tɪkɪts]

Gibt es noch Karten für ...?	**Are there any tickets for..., please?**	[ɑː ðeər enɪ ˈtɪkɪts fə... pliːz]
Bitte zwei Karten für heute Abend.	**Two tickets for this evening, please.**	[ˈtuː ˈtɪkɪts fə ðɪs ˈiːvnɪŋ pliːz]
Bitte vier Karten in der ersten/zweiten/dritten Preiskategorie.	**Four tickets in the first/second/third price category, please.**	[ˈfɔː ˈtɪkɪts ɪn ðə ˈfɜːst/ˈsekənd/ˈθɜːd ˈpraɪs kætəgərɪ pliːz]
Zwei Erwachsene, ein Kind.	**Two adults and one child.**	[tuː ˈædʌlts ənd ˈwʌn ˈtʃaɪld]
Wann ist die Vorstellung zu Ende?	**When does the performance end?**	[wen dʌz ðə pəˈfɔːməns ˈend]
Wo ist die Garderobe?	**Where's the cloakroom?**	[weəz ðə ˈkləʊkruːm]
Gibt es eine Pause?	**Is there an interval *UK*/intermission *US*?**	[ɪz ðeər ən ˈɪntəvl/ɪntəˈmɪʃn]
Hat Ihnen der Film gefallen?	**Did you like the film?**	[dɪd jʊ ˈlaɪk ðə ˈfɪlm]
Das Stück/Konzert fand ich sehr gut.	**I thought the play/concert was very good.**	[aɪ θɔːt ðə ˈpleɪ/ˈkɒnsət wɒz verɪ ˈgʊd]

Akt	**act**	[ækt]
Aufführung	**performance**	[pəˈfɔːməns]
Ballett	**ballet**	[ˈbæleɪ]
Begleitung	**company**	[ˈkʌmpənɪ]
Bühne	**stage**	[steɪdʒ]
Chor	**choir**	[ˈkwaɪə]
Dirigent	**conductor**	[kənˈdʌktə]
Drama	**drama**	[ˈdrɑːmə]
Eintrittskarte	**ticket**	[ˈtɪkɪt]
Festspiele	**festival**	[ˈfestɪvl]
Film	**film**	[fɪlm]
Freilichtkino	**open-air cinema**	[əʊpnˈeə ˈsɪnəmə]

In London kann man am Leicester Square für viele Musicals und Theater Karten zum halben Preis für Vorstellungen am gleichen Tag bekommen.
Am TKTS-Schalter am New Yorker Times Square kann man täglich ab 15 Uhr sein Glück versuchen und ermäßigte Tickets für die Shows am Broadway ergattern. Anstehen lohnt sich!

Garderobe	**cloakroom**	[ˈkləʊkruːm]
Hauptrolle	**main role**	[ˈmeɪn rəʊl]
Inszenierung	**production**	[prəˈdʌkʃn]
Jazzkonzert	**jazz concert**	[ˈdʒæz kɒnsət]
Kabarett	**cabaret**	[ˈkæbəreɪ]
Kasse	**box office**	[ˈbɒks ɒfɪs]
Kino	**cinema**	[ˈsɪnəmə]
Kirchenkonzert	**church concert**	[ˈtʃɜːtʃ kɒnsət]

Komödie	**comedy**	[ˈkɒmədɪ]
Komponist/in	**composer**	[kəmˈpəʊzə]
Konzert	**concert**	[ˈkɒnsət]
Loge	**box**	[bɒks]
Musical	**musical**	[ˈmjuːzɪkl]
Nachmittags-vorstellung	**afternoon perfor-mance**	[ˈɑːftənuːn pəˈfɔːməns]
Oper	**opera**	[ˈɒpərə]
Opernglas	**opera glasses** *pl*	[ˈɒpərə glɑːsɪz]
Orchester	**orchestra**	[ˈɔːkɪstrə]
Parkett	**stalls** *pl*	[stɔːlz]
Pause	**interval** *UK*/ **intermission** *US*	[ˈɪntəvl/ɪntəˈmɪʃn]
Popkonzert	**pop concert**	[ˈpɒp kɒnsət]
Premiere	**premiere**	[ˈpremɪeə]
Programm	**programme**	[ˈprəʊgræm]
Rang	**circle**	[sɜːkl]
Regisseur/in	**director**	[dɪˈrektə]
Rolle	**role**	[rəʊl]
Schauspiel	**play**	[pleɪ]
Schauspieler/in	**actor/actress**	[ˈæktə/ˈæktrəs]
Solist/in	**soloist**	[ˈsəʊləʊɪst]
Spielplan	**theatre schedule**	[ˈθɪətə ʃedjuːl]
Theaterstück	**play**	[pleɪ]
Untertitel	**subtitle**	[ˈsʌbtaɪtl]
Veranstaltungs-kalender	**calendar of events**	[ˈkæləndə əv ɪˈvents]
Vorstellung	**performance**	[pəˈfɔːməns]
Vorverkauf	**advance booking**	[ədˈvɑːns bʊkɪŋ]
Zirkus	**circus**	[ˈsɜːkəs]

Eintritt frei.	**Admission free.**	[əd'mɪʃn fri:]
Was kostet der Eintritt/die Führung?	**How much is a ticket/tour?**	[haʊ 'mʌtʃ ɪz ə 'tɪkɪt/'tʊə]
Gibt es einen Katalog zur Ausstellung?	**Is there an exhibition catalogue?**	[ɪz ðeər ən eksɪ'bɪʃn 'kætəlɒg]
Wann ist das Museum geöffnet?	**When is the museum open?**	[wen ɪz ðə mjʊ'zɪəm 'əʊpn]
Wann beginnt die Führung?	**When does the tour begin?**	[wen dʌz ðə 'tʊə bɪ'gɪn]
Gibt es eine Führung auf Deutsch?	**Is there a tour in German?**	[ɪz ðeər ə 'tʊə ɪn 'dʒɜ:mən]
Welche Sehenswürdigkeiten gibt es hier?	**What are the places of interest here?**	[wɒt ɑ: ðə 'pleɪsəz əv 'ɪntrest hɪə]
Wir möchten ... besichtigen.	**We'd like to visit...**	[wi:d laɪk tə 'vɪzɪt...]
Was für ein Platz/eine Kirche ist das?	**Which square/church is that?**	[wɪtʃ 'skweə/'tʃɜ:tʃ ɪz 'ðæt]
Wann wurde dieses Gebäude erbaut/restauriert?	**When was this building erected/restored?**	[wen wɒz ðɪs 'bɪldɪŋ ɪ'rektɪd/rɪ'stɔ:d]

Aus welcher Epoche stammt dieses Bauwerk?	**From what period is this building?**	[frɒm wɒt ˈpɪərɪəd ɪz ðɪs ˈbɪldɪŋ]
Gibt es in der Stadt noch andere Werke von diesem Architekten?	**Can we find other buildings by this architect in the city?**	[kən wɪ faɪnd ˈʌðə bɪldɪŋz baɪ ðɪs ˈɑːkɪtekt ɪn ðə ˈsɪtɪ]
Sind die Ausgrabungsarbeiten schon abgeschlossen?	**Are the excavations complete?**	[ɑː ðɪ ekskəˈveɪʃnz kəmˈpliːt]
Wo sind die Funde ausgestellt?	**Where are the finds presented?**	[weər ɑː ðə ˈfaɪndz prɪˈsentɪd]
Bitte, wer hat dieses Bild gemalt?	**Who painted this picture?**	[huː ˈpeɪntɪd ðɪs ˈpɪktʃə]
Wer hat diese Plastik geschaffen?	**Who made this sculpture?**	[huː ˈmeɪd ðɪs ˈskʌlptʃə]
Haben Sie das Bild als Poster/Postkarte?	**Have you got a poster/postcard of this painting?**	[həv jʊ gɒt ə ˈpəʊstə/ˈpəʊstkɑːd əv ðɪs ˈpeɪntɪŋ]
Darf man hier fotografieren?	**May I take pictures?**	[meɪ aɪ teɪk ˈpɪktʃəz]

Akt	**nude**	[nju:d]
Altar	**altar**	[ˈɔ:ltə]
antik	**antique**	[ænˈti:k]
Antike	**classical antiquity**	[klæsɪkl ænˈtɪkwətɪ]
Aquarell	**watercolour**	[ˈwɔ:təkʌlə]
Architektur	**architecture**	[ˈɑ:kɪtekʃə]
Ausstellung	**exhibition**	[eksɪˈbɪʃn]
Barock	**baroque**	[bəˈrɒk]
Bild	**painting**	[ˈpeɪntɪŋ]
Bildhauer	**sculptor**	[ˈskʌlptə]
Bronze	**bronze**	[brɒnz]
Büste	**bust**	[bʌst]
Collage	**collage**	[kɒˈlɑ:ʒ]
Deckenmalerei	**ceiling fresco**	[ˈsi:lɪŋ ˈfreskəʊ]
Denkmalschutz	**protection of historical monuments**	[prəˈtekʃn əv hɪˈstɒrɪkl ˈmɒnjʊ-mənts]
Design	**design**	[dɪˈzaɪn]
Dynastie	**dynasty**	[ˈdɪnəstɪ]
Einfluss	**influence**	[ˈɪnflʊəns]
Epoche	**period**	[ˈpɪərɪəd]
Expressionismus	**expressionism**	[ɪkˈspreʃənɪzm]
Fotografie	**photography**	[fəˈtɒgrəfɪ]
Fremdenführer	**guide**	[gaɪd]
Fresko	**fresco**	[ˈfreskəʊ]
Fries	**frieze**	[fri:z]
Führung	**tour**	[tʊə]
Funde	**finds** *pl*	[faɪndz]
Galerie	**gallery**	[ˈgælərɪ]

Gemälde	**painting**	[ˈpeɪntɪŋ]
Geschichte	**history**	[ˈhɪstərɪ]
Glasmalerei	**glass painting**	[ˈglɑːs peɪntɪŋ]
Goldschmiedekunst	**gold working**	[ˈgəʊld wɜːkɪŋ]
Gotik	**Gothic**	[ˈgɒθɪk]
Illustration	**illustration**	[ɪləˈstreɪʃn]
Impressionismus	**impressionism**	[ɪmˈpreʃənɪzm]
Jugendstil	**art nouveau**	[ɑːt nuːˈvəʊ]
Keramik	**ceramics**	[səˈræmɪks]
Klassizismus	**classicism**	[ˈklæsɪsɪzm]
Kubismus	**cubism**	[ˈkjuːbɪzm]
Kunst	**art**	[ɑːt]
Mittelalter	**the Middle Ages** *pl*	[ðə mɪdl ˈeɪdʒəz]
Modell	**model**	[ˈmɒdl]
modern	**modern**	[ˈmɒdən]
Münzen	**coins** *pl*	[kɔɪnz]
Ölgemälde	**oil painting**	[ˈɔɪl peɪntɪŋ]
Pastell	**pastel**	[ˈpæstl]
Plastik	**sculpture**	[ˈskʌlptʃə]
Porträt	**portrait**	[ˈpɔːtreɪt]
Realismus	**realism**	[ˈrɪəlɪzm]
Renaissance	**renaissance**	[rəˈneɪsəns]
Romantik	**romanticism**	[rəʊˈmæntɪsɪzm]
Sehenswürdigkeiten	**interesting sights** *pl*	[ɪntrestɪŋ ˈsaɪts]
Skulptur	**sculpture**	[ˈskʌlptʃə]
Stil	**style**	[staɪl]
Stillleben	**still life**	[ˈstɪl laɪf]
Surrealismus	**surrealism**	[səˈrɪəlɪzm]
Vase	**vase**	[vɑːz]
Wandmalerei	**wall painting**	[ˈwɔːl peɪntɪŋ]

Gibt es geführte Touren?	**Are there guided tours?**	[ɑː ðeə gaɪdɪd ˈtʊəz]
Ich möchte ... besichtigen.	**I'd like to visit...**	[aɪd laɪk tə ˈvɪzɪt...]
Ich möchte eine Bergtour machen.	**I'd like to go on a mountain tour.**	[aɪd laɪk tə ˈgəʊ ɒn ə ˈmaʊntɪn tʊə]
Können Sie mir eine Tour empfehlen?	**Can you recommend a tour?**	[kən jʊ rekəˈmend ə tʊə]
Was kostet ein Stadtplan?	**How much is a city map?**	[haʊ ˈmʌtʃ ɪz ə ˈsɪtɪ mæp]
Was kostet eine Führung?	**How much is a guided tour?**	[haʊ ˈmʌtʃ ɪz ə gaɪdɪd ˈtʊə]
Was kostet der Eintritt?	**How much is a ticket?**	[haʊ ˈmʌtʃ ɪz ə ˈtɪkɪt]
Gibt es eine Ermäßigung für Studenten/ Kinder/Behinderte?	**Is there a reduction for students/ children/disabled people?**	[ɪz ðeər ə rɪˈdʌkʃn fə ˈstjuːdnts/ ˈtʃɪldrən/dɪsˈeɪbld piːpl]
Für morgen bitte zwei Plätze nach ...	**Two seats for the... tour tomorrow, please.**	[ˈtuː ˈsiːts fə ðə... ˈtʊə təˈmɒrəʊ pliːz]

Zwei Erwachsene, zwei Kinder, bitte.	**Two adults and two children, please.**	[ˈtuː ˈædʌlts ənd ˈtuː ˈtʃɪldrən pliːz]
Spricht der Fremdenführer Deutsch?	**Does the tour guide speak German?**	[dʌz ðə ˈtʊə gaɪd spiːk ˈdʒɜːmən]
Wo ist der Treffpunkt?	**Where's the meeting point?**	[weəz ðə ˈmiːtɪŋ pɔɪnt]
Wann geht es los?	**When does it start?**	[wen dʌz ɪt ˈstɑːt]
Können wir Einkäufe machen?	**Can we go shopping?**	[kən wɪ gəʊ ˈʃɒpɪŋ]
Besichtigen wir auch ...?	**Will we also visit...?**	[wɪl wɪ ˈɔːlsəʊ ˈvɪzɪt...]
Ist das Mittagessen inbegriffen?	**Is lunch included?**	[ɪz ˈlʌntʃ ɪnˈkluːdɪd]
Wann sind wir zurück?	**When will we be back?**	[ˈwen wɪl wɪ bɪ ˈbæk]
Wo bekomme ich die Karte?	**Where do I get a ticket?**	[weə dʊ aɪ ˈget ə ˈtɪkɪt]
Können Sie mir den Weg auf der Wanderkarte zeigen?	**Can you show me the way on the hiking map?**	[kən jʊ ˈʃəʊ mɪ ðə ˈweɪ ɒn ðə ˈhaɪkɪŋ mæp]

Ist das der Weg nach ...?	**Is this the right way to...?**	[ɪz ˈðɪs ðə raɪt ˈweɪ tʊ...]
Ist das etwas für Kinder?	**Is that suitable for children?**	[ɪz ˈðæt ˈsuːtəbl fə ˈtʃɪldrən]
Ist der Weg gut markiert?	**Is the path well marked?**	[ɪz ðə ˈpɑːθ wel ˈmɑːkt]
Welche Sehenswürdigkeiten gibt es hier?	**What interesting sights are there here?**	[wɒt ˈɪntrestɪŋ ˈsaɪts ɑː ðeə ˈhɪə]
Hier lebte/starb ...	**Here lived/died...**	[hɪə lɪvd/daɪd...]
Aus welchem Jahrhundert stammt das?	**From what century is it?**	[frɒm wɒt ˈsentʃʊrɪ ɪz ɪt]
Wann wurde ... gebaut?	**When was... erected?**	[wen wɒz... ɪˈrektɪd]
Wer hat denn ... gebaut?	**Who erected...?**	[ˈhuː ɪˈrektɪd...]
Von wem stammt dieses Bild?	**Who painted this picture?**	[ˈhuː peɪntɪd ðɪs ˈpɪktʃə]
Darf man hier auch fotografieren/filmen?	**May I take pictures/ film?**	[meɪ aɪ teɪk ˈpɪktʃəz/ˈfɪlm]

Altstadt	**old town**	[ˈəʊld taʊn]
Ausflug	**excursion**	[ɪkˈskɜːʃn]
Ausgrabung	**excavation**	[ekskəˈveɪʃn]
Aussicht	**view**	[vjuː]
Ausstellung	**exhibition**	[eksɪˈbɪʃn]
Badegelegenheit	**chance to go swimming**	[ˈtʃɑːns tə gəʊ ˈswɪmɪŋ]
Bauernhof	**farm**	[fɑːm]
Berg	**mountain**	[ˈmaʊntɪn]
besichtigen	**to visit**	[ˈvɪzɪt]
Bootsfahrt	**boat trip**	[ˈbəʊt trɪp]
Botanischer Garten	**botanical garden**	[bəˈtænɪkl gɑːdn]
Brücke	**bridge**	[brɪdʒ]
Brunnen	**fountain**	[ˈfaʊntɪn]
Burg	**castle**	[kɑːsl]
Dampferfahrt	**steamer ride**	[ˈstiːmə raɪd]
Denkmal	**monument**	[ˈmɒnjʊmənt]
Dom	**cathedral**	[kəˈθiːdrəl]
Dorf	**village**	[ˈvɪlɪdʒ]
Erlebnis	**adventure**	[ədˈventʃə]
Epoche	**period**	[ˈpɪərɪəd]
Fluss	**river**	[ˈrɪvə]
Freizeitpark	**amusement park**	[əˈmjuːzmənt pɑːk]
Fremdenführer/in	**tour guide**	[ˈtʊə gaɪd]
Friedhof	**cemetery**	[ˈsemətrɪ]
Führung	**tour**	[tʊə]
Galerie	**gallery**	[ˈgælərɪ]
Garten	**garden**	[ˈgɑːdn]
Gletscher	**glacier**	[ˈglæsɪə]

Grünanlage	**public garden**	[pʌblɪk ˈgɑ:dn]
Hafen	**harbour**	[ˈhɑ:bə]
Hinfahrt	**drive/trip**	[draɪv/trɪp]
Höhle	**cave**	[keɪv]
Insel	**island**	[ˈaɪlənd]
Jahrhundert	**century**	[ˈsentʃərɪ]
Kino	**cinema**	[ˈsɪnəmə]
Kirche	**church**	[tʃɜ:tʃ]
Kompass	**compass**	[ˈkʌmpəs]
Konzert	**concert**	[ˈkɒnsət]
Küste	**coast**	[kəʊst]
Landschaft	**landscape**	[ˈlændskeɪp]
laufen	**to walk**	[wɔ:k]
Leuchtturm	**lighthouse**	[ˈlaɪthaʊs]
Lunchpaket	**packed lunch**	[ˈpækt lʌntʃ]
Maler/in	**painter**	[ˈpeɪntə]
Malerei	**painting**	[ˈpeɪntɪŋ]
Markt	**market**	[ˈmɑ:kɪt]
Meer	**sea**	[si:]
Museum	**museum**	[mjʊˈzi:əm]
Nationalpark	**national park**	[ˈnæʃnəl pɑ:k]
Naturschutzgebiet	**nature reserve**	[ˈneɪtʃə rɪzɜ:v]
öffentliche Toilette	**public toilet**	[pʌblɪk ˈtɔɪlɪt]
Oper	**opera**	[ˈɒpərə]
Palast	**palace**	[ˈpælɪs]
Park	**park**	[pɑ:k]
Picknick	**picnic**	[ˈpɪknɪk]
Preis	**price/fee**	[praɪs/fi:]
Prospekt	**brochure**	[ˈbrəʊʃə]
Radtour	**bicycle tour**	[ˈbaɪsɪkl tʊə]

Rückfahrt	**way back**	[weɪ ˈbæk]
Ruine	**ruins** *pl*	[ˈrʊɪnz]
Rundfahrt	**round trip**	[ˈraʊnd trɪp]
Schloss	**castle**	[ˈkɑːsl]
Schlucht	**gorge**	[ˈgɔːdʒ]
Schwimmbad	**swimming pool**	[ˈswɪmɪŋ puːl]
See	**lake**	[leɪk]
Segeltörn	**sailing**	[ˈseɪlɪŋ]
Sehenswürdigkeiten	**interesting sights** *pl*	[ɪntrestɪŋ ˈsaɪts]
sicher	**safe**	[seɪf]
Spielkasino	**casino**	[kəˈsɪːnəʊ]
Stadtmitte	**town centre**	[ˈtaʊn sentə]
Stadtplan	**city map**	[ˈsɪtɪ mæp]
Stadtteil	**district**	[ˈdɪstrɪkt]
Sternwarte	**observatory**	[əbˈsɜːvətrɪ]
Strand	**beach**	[biːtʃ]
Strecke	**distance**	[ˈdɪstəns]
Synagoge	**synagogue**	[ˈsɪnəgɒg]
Tempel	**temple**	[ˈtempl]
Theater	**theatre**	[ˈθiːetə]
übernachten	**to stay**	[steɪ]
Universität	**university**	[jʊnɪˈvɜːsətɪ]
unterwegs	**on the way**	[ɒn ðə ˈweɪ]
Vortrag	**lecture**	[ˈlektʃə]
Wanderung	**hike**	[haɪk]
Wasserfall	**waterfall**	[ˈwɔːtəfɔːl]
Wegweiser	**sign**	[saɪn]
Wüste	**desert**	[ˈdezət]
Zirkus	**circus**	[ˈsɜːkəs]
Zoo	**zoo**	[zuː]

Welche Sportveranstaltungen gibt es hier?	**What sport events are there here?**	[wɒt ˈspɔːt ɪvents ˈɑː ðeə hɪə]
Was kostet der Eintritt?	**How much is a ticket?**	[haʊ ˈmʌtʃ ɪz ə ˈtɪkɪt]
Welche Mannschaften spielen?	**Who's playing?**	[huːz ˈpleɪɪŋ]
Wie steht es?	**What's the score?**	[wɒts ðə ˈskɔː]
Gibt es ein Freibad?	**Is there an open-air swimming pool?**	[ɪz ðeər ən əʊpnˈeə ˈswɪmɪŋ puːl]
Wo ist das Stadion?	**Where is the stadium?**	[weəz ðə ˈsteɪdɪəm]
Kann ich hier in der Nähe angeln?	**Can I fish near here?**	[kən aɪ ˈfɪʃ nɪə hɪə]
Ich möchte ein Boot mieten.	**I'd like to rent a boat.**	[aɪd laɪk tə ˈrent ə ˈbəʊt]
Gibt es hier einen Tennisplatz/Fitnessraum?	**Is there a tennis court/fitness room here?**	[ɪz ðeər ə ˈtenɪs kɔːt/ˈfɪtnəs ruːm hɪə]
Wo ist der Strand?	**Where's the beach?**	[weəz ðə ˈbiːtʃ]

Darf man hier baden?	**Can you go swimming here?**	[kən jʊ gəʊ ˈswɪmɪŋ hɪə]
Was kostet ein Liegestuhl?	**How much is a deckchair?**	[haʊ ˈmʌtʃ ɪz ə ˈdektʃeə]
Kann ich einen Sonnenschirm/Handtuch ausleihen?	**Can I rent a sunshade/towel?**	[kən aɪ ˈrent ə ˈsʌnʃeɪd/ˈtaʊəl]
Kann man hier Beachvolleyball spielen?	**Can you play beach volleyball here?**	[kən jʊ pleɪ ˈbiːtʃ vɒlɪbɔːl hɪə]
Welche Temperatur hat das Wasser?	**How warm/cold is the water?**	[haʊ ˈwɔːm/ˈkəʊld ɪz ðə ˈwɔːtə]
Wie weit darf man hinausschwimmen?	**How far out can you swim?**	[haʊ fɑːr ˈaʊt kən jʊ ˈswɪm]
Wo ist der Bademeister?	**Where's the lifeguard/pool attendant?**	[weəz ðə ˈlaɪfgɑːd/puːl əˈtendənt]
Baden verboten!	**No swimming!**	[ˈnəʊ ˈswɪmɪŋ]
Achtung, Strömung!	**Warning, current!**	[ˈwɑːnɪŋ ˈkʌrənt]
Gefahr!	**Danger!**	[ˈdeɪndʒə]

Anfänger/in	**beginner**	[bɪˈgɪnə]
Angel	**fishing rod**	[ˈfɪʃɪŋ rɒd]
Angelhaken	**fishing hook**	[ˈfɪʃɪŋ hʊk]
Angelschein	**fishing licence**	[ˈfɪʃɪŋ laɪsəns]
Ausritt	**ride**	[raɪd]
Badehose	**swimming trunks** *pl*	[ˈswɪmɪŋ trʌŋks]
Badekappe	**bathing cap**	[ˈbeɪðɪŋ kæp]
Bademeister/in	**lifeguard/pool attendant**	[ˈlaɪfgɑːd/puːl əˈtendənt]
Ball	**ball**	[bɔːl]
Bergschuhe	**hiking boots** *pl*	[ˈhaɪkɪŋ buːts]
bergsteigen	**to go mountain climbing**	[gəʊ ˈmaʊntɪn klaɪmɪŋ]
Bucht	**bay**	[beɪ]
Bungeejumping	**bungee jumping**	[ˈbʌndʒɪ dʒʌmpɪŋ]

In den USA ist es fast überall verboten, sich „oben ohne" zu sonnen. In Großbritannien ist es nicht illegal, aber es gibt nur sehr wenige FKK-Strände.

Düne	**dune**	[djuːn]
Fahrrad	**bicycle**	[ˈbaɪsɪkl]
FKK-Strand	**nudist beach**	[ˈnjuːdɪst biːtʃ]
Fußballspiel	**football** *UK*/**soccer** *US* **match**	[ˈfʊtbɔːl/ˈsɒkə mætʃ]
Golfplatz	**golf course**	[ˈgɒlf kɔːs]
Hai	**shark**	[ʃɑːk]
Handtuch	**towel**	[ˈtaʊəl]
Hütte	**hut**	[hʌt]

Jagdschein	**hunting licence**	[ˈhʌntɪŋ laɪsəns]
Kanu	**canoe**	[kəˈnuː]
Kartenspiel	**card game**	[ˈkɑːd geɪm]
klettern	**to climb**	[klaɪm]
Köder	**bait**	[beɪt]
Kurs	**course**	[kɔːs]
Lawine	**avalanche**	[ˈævəlɑːnʃ]
Lebensgefahr	**danger to life**	[ˈdeɪndʒə tə ˈlaɪf]
Luftmatratze	**air mattress**	[ˈeə mætrəs]
Lufttemperatur	**air temperature**	[ˈeə temprətʃə]
Mannschaft	**team**	[tiːm]
mieten	**to rent**	[rent]
Motorboot	**motorboat**	[ˈməʊtəbəʊt]
Muscheln	**shells** *pl*	[ˈʃelz]
Netz	**net**	[net]
Nichtschwimmer	**non-swimmer**	[nɒnˈswɪmə]
Niederlage	**defeat**	[dɪˈfiːt]
Pferd	**horse**	[hɔːs]
Platzmiete	**ground charge**	[ˈgraʊnd tʃɑːdʒ]
Privatstrand	**private beach**	[praɪvət ˈbiːtʃ]
Programm	**programme**	[ˈprəʊgræm]
Proviant	**provisions** *pl*	[prəˈvɪʒnz]
Rettungsring	**lifebelt**	[ˈlaɪfbelt]
Ruderboot	**rowing boat**	[ˈrəʊɪŋ bəʊt]
Sandburg	**sand castle**	[ˈsænd kɑːsl]
Sandspielzeug	**beach toy**	[ˈbiːtʃ tɔɪ]
Sauna	**sauna**	[ˈsɔːnə]
Schiedsrichter	**referee**	[refəˈriː]
Schläger	**raquet/bat**	[ˈrækɪt/bæt]
Schlauchboot	**dinghy**	[ˈdɪŋgɪ]

Schnorchel	**snorkel**	[ˈsnɔːkl]
Schwimmflossen	**flippers** *pl*	[ˈflɪpəz]
Schwimmflügel	**armbands** *pl*	[ˈɑːmbændz]
Segelboot	**sailing boat**	[ˈseɪlɪŋ bəʊt]
Shorts	**shorts** *pl*	[ʃɔːts]
Sonnenbrille	**sunglasses** *pl*	[ˈsʌnglɑːsɪz]
Sonnencreme	**sun cream**	[ˈsʌn kriːm]
Sport	**sport**	[spɔːt]
Stadion	**stadium**	[ˈsteɪdɪəm]
Strand	**beach**	[biːtʃ]
Strandcafé	**beach café**	[ˈbiːtʃ kæfeɪ]
Strandlaken	**beach spread**	[ˈbiːtʃ spred]
Strandschuhe	**beach shoes** *pl*	[ˈbiːtʃ ʃuːz]
Strömung	**current**	[ˈkʌrənt]
Sturmwarnung	**storm warning**	[ˈstɔːm wɔːnɪŋ]
Surfbrett	**surfboard**	[ˈsɜːfbɔːd]
Taucherausrüstung	**diving equipment**	[ˈdaɪvɪŋ ɪkwɪpmənt]
Tor	**goal**	[gəʊl]
Trainer	**coach**	[kəʊtʃ]
Umkleidekabine	**changing cubicle**	[ˈtʃeɪndʒɪŋ kjuːbɪkl]
unentschieden	**draw**	[drɔː]
Wanderkarte	**hiking map**	[ˈhaɪkɪŋ mæp]
Wandern	**hiking**	[ˈhaɪkɪŋ]
Wanderschuhe	**hiking boots** *pl*	[ˈhaɪkɪŋ buːts]
Wanderweg	**hiking trail**	[ˈhaɪkɪŋ treɪl]
Wasser	**water**	[ˈwɔːtə]
Wellen	**waves** *pl*	[ˈweɪvz]
Ziel	**finish**	[ˈfɪnɪʃ]

Abfahrtslauf	**downhill skiing**	[ˈdaʊnhɪl skiːɪŋ]
American Football	**American football**	[əˈmerɪkən ˈfʊtbɔːl]
Angeln	**fishing**	[ˈfɪʃɪŋ]
Basketball	**basketball**	[ˈbɑːskɪtbɔːl]
Bergsteigen	**mountain climbing**	[ˈmaʊntɪn klaɪmɪŋ]
Biathlon	**biathlon**	[baɪˈæθlən]
Boxen	**boxing**	[ˈbɒksɪŋ]
Bowling	**bowling**	[ˈbəʊlɪŋ]
Eiscurling	**curling**	[ˈkɜːlɪŋ]
Eishockey	**ice hockey**	[ˈaɪs hɒkɪ]
Eislaufen	**ice skating**	[ˈaɪs skeɪtɪŋ]
Fahrradfahren	**cycling**	[ˈsaɪklɪŋ]
Fechten	**fencing**	[ˈfensɪŋ]
Federball	**badminton**	[ˈbædmɪntən]
Formel Eins	**Formula One**	[fɔːmjʊlə ˈwʌn]
Fußball	**football** *UK*/ **soccer** *US*	[ˈfʊtbɔːl/ˈsɑːkər]
Golf	**golf**	[gɒlf]
Gymnastik	**gymnastics**	[dʒɪmˈnæstɪks]
Handball	**handball**	[ˈhændbɔːl]
Jagen	**hunting**	[ˈhʌntɪŋ]
Joggen	**jogging**	[ˈdʒɒgɪŋ]
Judo	**judo**	[ˈdʒuːdəʊ]
Karate	**karate**	[kəˈrɑːtɪ]
Kegeln	**bowling**	[ˈbəʊlɪŋ]
Kricket	**cricket**	[ˈkrɪkɪt]
Krocket	**croquet**	[ˈkrəʊkeɪ]
Kugelstoßen	**shot put**	[ˈʃɒt pʊt]

Langlauf	**cross-country skiing**	[ˈkrɒskʌntrɪ ˈskiːɪŋ]
Leichtathletik	**athletics**	[æθˈletɪks]
Minigolf	**minigolf**	[ˈmɪnɪgɒlf]
Motorrad fahren	**motorcycling**	[ˈməʊtəsaɪklɪŋ]
Mountainbiking	**mountain biking**	[ˈmaʊntɪn baɪkɪŋ]
Paragliding	**paragliding**	[ˈpærəglaɪdɪŋ]
Reiten	**riding**	[ˈraɪdɪŋ]
Rennwagen fahren	**racecar driving**	[ˈreɪskɑː draɪvɪŋ]
Ringkampf	**wrestling**	[ˈreslɪŋ]
Rodeln	**tobogganing**	[təˈbɔːgənɪŋ]
Rudern	**rowing**	[ˈrəʊɪŋ]
Schach	**chess**	[tʃes]
Schwimmen	**swimming**	[ˈswɪmɪŋ]
Segeln	**sailing**	[ˈseɪlɪŋ]
Skifahren	**skiing**	[ˈskiːɪŋ]
Skispringen	**ski jumping**	[ˈskiː dʒʌmpɪŋ]
Slalom	**slalom**	[ˈslɑːləm]
Surfen	**surfing**	[ˈsɜːfɪŋ]
Tauchen	**diving**	[ˈdaɪvɪŋ]
Tennis	**tennis**	[ˈtenɪs]
Tischtennis	**table tennis**	[ˈteɪbl tenɪs]
Triathlon	**triathlon**	[traɪˈæθlən]
Volleyball	**volleyball**	[ˈvɒlɪbɔːl]
Wasserball	**water polo**	[ˈwɔːtə pəʊləʊ]
Wasserski	**waterskiing**	[ˈwɔːtəskiːɪŋ]
Wellenreiten	**surfing**	[ˈsɜːfɪŋ]
Windsurfen	**windsurfing**	[ˈwɪndsɜːfɪŋ]
Wrestling	**wrestling**	[ˈreslɪŋ]
Yoga	**yoga**	[ˈjəʊgə]

Gesundheit & Notfälle

Wo ist die nächste Apotheke?	**Where's the nearest chemist's, please?**	[weəz ðə nɪərəst ˈkemɪsts ˈpli:z]
Können Sie mir sagen, welche Apotheke heute Nachtdienst/Notdienst hat?	**Can you tell me which chemist's has night/emergency duty?**	[kən jʊ ˈtel mɪ wɪtʃ ˈkemɪsts hæz ˈnaɪt/ɪˈmɜ:dʒənsɪ dju:tɪ]
Ist diese Arznei rezeptpflichtig?	**Do I need a prescription for this medicine?**	[dʊ aɪ ˈni:d ə prɪˈskrɪpʃn fə ðɪs ˈmedsɪn]
Wie viel kostet dieses Medikament?	**How much is this medicine?**	[haʊ ˈmʌtʃ ɪz ðɪs ˈmedsɪn]
Gibt es ein ähnliches/günstigeres Medikament?	**Is there something similar/cheaper?**	[ɪz ðeə sʌmθɪŋ ˈsɪmɪlə/ˈtʃi:pə]
Geben Sie mir bitte etwas gegen ...	**Please give me something for...**	[pli:z ˈgɪv mɪ sʌmθɪŋ fɔ:...]
Ich brauche dieses Medikament, bitte.	**I need this medicine, please.**	[aɪ ˈni:d ðɪs ˈmedsɪn pli:z]
Haben Sie auch ein pflanzliches Medikament?	**Do you also have a natural medicine?**	[dʊ jʊ ɔ:lsəʊ ˈhæv ə ˈnætʃrəl ˈmedsɪn]

Können Sie mir ein Medikament gegen/zur Behandlung von ... empfehlen?	**Can you recommend a medicine for/to treat...?**	[kən jʊ rekə'mend ə 'medsɪn fə/tə tri:t...]
Eine kleine Packung reicht.	**A small pack will do.**	[ə smɔ:l pæk wɪl 'du:]
Das haben wir nicht da.	**I'm afraid we haven't got that.**	[ɑɪm a'freɪd wɪ hævnt 'gɒt ðæt]
Können Sie mir dieses Medikament besorgen?	**Can you give me this medicine?**	[kən jʊ 'gɪv mɪ ðɪs 'medsɪn]
Wir müssen es bestellen.	**We'll have to order it.**	[wi:l hæv tə 'ɔ:də ɪt]
Wann kann ich das Medikament denn abholen?	**When can I pick up the medicine?**	['wen kən aɪ pɪk 'ʌp ðə 'medsɪn]
Welche Nebenwirkungen kann das Medikament verursachen?	**What side-effects does this medicine have?**	[wɒt 'saɪdɪfekts dʌz ðɪs medsɪn 'hæv]
Wie/Wie oft täglich muss ich es nehmen?	**How/How many times a day do I take it?**	[haʊ/haʊ menɪ 'taɪmz ə 'deɪ dʊ aɪ 'teɪk ɪt]

Apotheke	**chemist's/pharmacy**	[ˈkemɪsts/ˈfɑːməsɪ]
apothekenpflichtig	**available only from a chemist**	[əˈveɪləbl əʊnlɪ frɒm ə ˈkemɪst]
Apotheker/in	**pharmacist**	[ˈfɑːməsɪst]
ärztliche Anweisung	**under doctor's supervision**	[ʌndə ˈdɒktəz suːpəˈvɪʒn]
auf nüchternen Magen	**on an empty stomach**	[ɒn ən ˈemptɪ ˈstʌmək]
äußerlich	**external**	[exˈtɜːnəl]
Bestellung	**order**	[ˈɔːdə]
Binde	**bandage**	[ˈbændɪdʒ]
dreimal täglich	**three times a day**	[ˈθriː taɪmz ə ˈdeɪ]
Doktor	**doctor**	[ˈdɒktə]
Fieberthermometer	**thermometer**	[θəˈmɒmɪtə]
Infekt	**infection**	[ɪnˈfekʃn]
innerlich	**internal**	[ɪnˈtɜːnəl]
nach dem Essen	**after eating**	[ɑːftə ˈiːtɪŋ]
Nachtapotheke	**night chemist's**	[ˈnaɪt kemɪsts]
Nachtzuschlag	**extra charge for night hours**	[ˈekstrə tʃɑːdʒ fə ˈnaɪt aʊəz]
Nebenwirkungen	**side effects** *pl*	[ˈsaɪd ɪfekts]
Rezept	**prescription**	[prɪˈskrɪpʃn]
rezeptpflichtig	**only on prescription**	[ˈəʊnlɪ ɒn prɪˈskrɪpʃn]
Risiken	**risks** *pl*	[rɪsks]
Sonnenbrand	**sunburn**	[ˈsʌnbɜːn]
Tropfen	**drops** *pl*	[drɒps]
Übelkeit	**nausea**	[ˈnɔːsɪə]
Verstopfung	**constipation**	[kɒnstɪˈpeɪʃn]
vor/nach dem Essen	**before/after eating**	[bɪˈfɔː/ˈɑːftə iːtɪŋ]

Abführmittel	**laxative**	[ˈlæksətɪv]
Antibabypille	**contraceptive pill**	[kɒntrəˈseptɪv ˈpɪl]
Antibiotikum	**antibiotic**	[æntɪbaɪˈɒtɪk]
Augentropfen	**eye drops** *pl*	[ˈaɪ drɒps]
Beruhigungsmittel	**sedative**	[ˈsedətɪv]
blutstillendes Mittel	**styptic**	[ˈstɪptɪk]
Brandsalbe	**burn ointment**	[ˈbɜːn ˈɔɪntmənt]
Desinfektionsmittel	**antiseptic**	[æntɪˈseptɪk]
Elastikbinde	**elastic bandage**	[ɪˈlæstɪk ˈbændɪdʒ]
fiebersenkendes Mittel	**antipyretic**	[æntɪpɪˈretɪk]
Gegengift	**antidote**	[ˈæntɪdəʊt]
Gurgellösung	**gargle**	[ˈgɑːgl]
Halsschmerztabletten	**throat pastilles** *pl*	[ˈθrəʊt pæstəlz]
Heftpflaster	**plaster**	[ˈplɑːstə]
homöopathisch	**homeopathic**	[həʊmɪəˈpæθɪk]
Hühneraugenpflaster	**corn plaster**	[ˈkɔːn plɑːstə]
Hustensaft	**cough mixture**	[ˈkɒf mɪkstʃə]
Insektenmittel	**insect repellent**	[ˈɪnsekt rəˈpelənt]
Insulin	**insulin**	[ˈɪnsjəlɪn]
Jodtinktur	**iodine**	[ˈaɪəʊdiːn]
Kohletabletten	**charcoal tablets** *pl*	[ˈtʃɑːkəʊl tæbləts]
Kopfschmerztabletten	**headache tablets** *pl*	[ˈhedeɪk tæbləts]
Kreislaufmittel	**cardiac stimulant**	[ˈkɑːdɪæk ˈstɪmjʊlənt]
Lutschtabletten	**lozenges** *pl*	[ˈlɒzɪndʒɪz]
Magentabletten	**stomach tablets** *pl*	[ˈstʌmək tæbləts]
Magentropfen	**stomach drops** *pl*	[ˈstʌmək drɒps]
Medikament	**medicine**	[ˈmedsɪn]
Mullbinde	**gauze bandage**	[gɔːz ˈbændɪdʒ]

Nasentropfen	**nose drops** *pl*	[ˈnəʊz drɒps]
Ohrentropfen	**ear drops** *pl*	[ˈɪə drɒps]
Pillen	**pills** *pl*	[pɪlz]
Pulver	**powder**	[ˈpaʊdə]
Rizinusöl	**castor oil**	[ˈkæstə ɔɪl]
Salbe	**ointment**	[ˈɔɪntmənt]
Schlaftabletten	**sleeping pills** *pl*	[ˈsliːpɪŋ pɪlz]
Schmerztabletten	**painkillers** *pl*/ **aspirins** *pl*	[ˈpeɪnkɪləz/ ˈæspərɪnz]
Schnellverband	**first-aid dressing**	[fɜːstˈeɪd dresɪŋ]
schweißtreibendes Mittel	**sudorific**	[sʊdəˈrɪfɪk]

Viele Medikamente, die in Deutschland apothekenpflichtig sind, sind in Großbritannien und den USA frei erhältlich. Drogerien (chemist's/drugstore) haben oft eine eigene Apothekenabteilung, in der man auch rezeptflichtige Mittel bekommt und beraten wird. Daneben bieten sie natürlich auch rezeptfreie Medikamente an, die sogenannten „OTCs" oder „over-the-counter medicines". In Notfällen finden Sie in jeder Region mindestens eine Notfall-apotheke (duty chemist), die auch nachts geöffnet ist.

Tabletten	**tablets** *pl*	[ˈtæbləts]
Traubenzucker	**glucose**	[ˈgluːkəʊs]
Tropfen	**drops** *pl*	[drɒps]
Verbandszeug	**first-aid kit**	[fɜːstˈeɪd kɪt]
Vitamintabletten	**vitamin tablets** *pl*	[ˈvɪtəmɪn tæbləts]
Watte	**cotton wool**	[ˈkɒtn wʊl]
Wundsalbe	**ointment**	[ˈɔɪntmənt]
Zäpfchen	**suppository**	[səˈpɒsətrɪ]

Wann hat der Arzt Sprechstunde?	**When is the doctor in surgery?**	[wen ɪz ðə ˈdɒktə ɪn ˈsɜːdʒərɪ]
Ich hätte gerne einen Termin.	**I'd like an appointment.**	[aɪd laɪk ən əˈpɔɪntmənt]
Spricht hier jemand Deutsch?	**Does anyone here speak German?**	[dʌz ˈenɪwʌn hɪə spiːk ˈdʒɜːmən]
Wo tut es weh?	**Where does it hurt?**	[ˈweə dʌz ɪt ˈhɜːt]
Hier tut es weh.	**It hurts here.**	[ɪt hɜːts ˈhɪə]
Öffnen Sie den Mund.	**Open your mouth.**	[əʊpn jɔː ˈmaʊθ]
Atmen Sie tief durch.	**Breathe deeply.**	[briːð ˈdiːplɪ]
Sind Sie gegen ... geimpft?	**Have you had a... vaccination?**	[həv jʊ ˈhæd ə... væksˈɪneɪʃn]
Ich habe starke/ stechende Schmerzen.	**I have intense/ stabbing pains.**	[aɪ həv ɪnˈtens/ ˈstæbɪŋ ˈpeɪnz]
Ich habe mich erkältet.	**I've caught a cold.**	[aɪv kɔːt ə ˈkəʊld]
Ich habe Fieber.	**I have a fever.**	[aɪ hæv ə ˈfiːvə]
Ich bin gestochen/ gebissen worden.	**I've been stung/ bitten.**	[aɪv biːn ˈstʌŋ/ ˈbɪtən]

Ich habe Durchfall/ Verstopfung.	**I have diarrhoea/ constipation.**	[aɪ hæv daɪəˈrɪə/ kɒnstɪˈpeɪʃn]
Ich bin gestürzt.	**I've had a fall.**	[aɪv hæd ə ˈfɔːl]
Ich habe mir den Magen verdorben.	**I have an upset stomach.**	[aɪ hæv ən ʌpset ˈstʌmək]
Ich habe einen hohen/ niedrigen Blutdruck.	**I have low/high blood pressure.**	[aɪ hæv ˈləʊ/ˈhaɪ ˈblʌd preʃə]
Ich bin gegen ... allergisch.	**I'm allergic to...**	[aɪm əˈlɜːdʒɪk tʊ...]
Ich kann ... nicht bewegen.	**I can't move my...**	[aɪ kɑːnt ˈmuːv maɪ...]
Bitte benachrichtigen Sie meine Familie.	**Please inform my family.**	[pliːz ɪnˈfɔːm maɪ ˈfæməlɪ]
Ich nehme regelmäßig ...	**I take... regularly.**	[aɪ teɪk... ˈregjʊləlɪ]
Ich vertrage diese Medikamente nicht.	**I can't take this medicine.**	[aɪ ˈkɑːnt ˈteɪk ðɪs ˈmedsɪn]
Ich hatte gerade einen Unfall.	**I've just had an accident.**	[aɪv dʒʌst ˈhæd ən ˈæksɪdənt]

Wie lautet die Diagnose?	**What's the diagnosis?**	[wɒts ðə daɪəg'nəʊsɪs]
Ist es etwas Ernstes oder nicht?	**Is it serious or not?**	[ɪz ɪt 'sɪərɪəs ɔː 'nɒt]
Wie lange muss ich hier bleiben?	**How long must I stay?**	[haʊ 'lɒŋ mʌst aɪ 'steɪ]
Sie werden am ... um ... operiert.	**You will be operated on... at...**	[jʊ wɪl bɪ 'ɒpəreɪtɪd ɒn... æt...]
Ich möchte in Deutschland operiert werden.	**I want to be operated on in Germany.**	[aɪ wɒnt tə bɪ 'ɒpəreɪtɪd ɒn ɪn 'dʒɜːmənɪ]
Schwester, geben Sie mir bitte ein Schmerz-/Schlafmittel.	**Nurse, please give me a pain/sleeping tablet.**	['nɜːs pliːz 'gɪv mɪ ə 'peɪn/'sliːpɪŋ tæblət]
Ich brauche eine Urinprobe.	**I need a urine sample.**	[aɪ niːd ə 'jʊərɪn sɑːmpl]
Wann darf ich aufstehen/rausgehen?	**When can I get up/leave?**	[wen kən aɪ get 'ʌp/'liːv]
Wie sind hier die Besuchszeiten?	**When are visiting hours?**	[wen ɑː 'vɪzɪtɪŋ aʊəz]

ansteckend	**contagious**	[kənˈteɪdʒəs]
Arm	**arm**	[ɑːm]
Arzt/Ärztin	**doctor**	[ˈdɒktə]
Atmung	**breathing**	[ˈbriːðɪŋ]
Aufnahme	**admission**	[ædˈmɪʃn]
Auge	**eye**	[aɪ]
Bauch	**stomach**	[ˈstʌmək]
Bein	**leg**	[leg]
Beruhigungsmittel	**sedative**	[ˈsedətɪv]
Besuchszeit	**visiting hours** *pl*	[ˈvɪzɪtɪŋ aʊəz]
Blut	**blood**	[blʌd]
Blutbild	**blood count**	[ˈblʌd kaʊnt]
Blutdruck	**blood pressure**	[ˈblʌd preʃə]
Blutprobe	**blood sample**	[ˈblʌd sɑːmpl]
Bluttransfusion	**transfusion**	[trænzˈfjuːʃn]
Brust	**chest**	[tʃest]
Chirurgie	**surgery**	[ˈsɜːdʒərɪ]
Darm	**intestine**	[ɪnˈtestɪn]
Ellbogen	**elbow**	[ˈelbəʊ]
entlassen	**to discharge**	[dɪsˈtʃɑːdʒ]
erste Hilfe	**first aid**	[fɜːst ˈeɪd]
Finger	**finger**	[ˈfɪŋgə]
Fuß	**foot**	[fʊt]
Fußknöchel	**ankle**	[ˈæŋkl]
gebrochen	**broken**	[ˈbrəʊkən]
Geburt	**birth**	[bɜːθ]
Gelenk	**joint**	[dʒɔɪnt]
Hals (außen)	**neck**	[nek]
Hals (innen)	**throat**	[θrəʊt]
Hand	**hand**	[hænd]

Handgelenk	**wrist**	[rɪst]
Haut	**skin**	[skɪn]
Herz	**heart**	[hɑːt]
Hüfte	**hip**	[hɪp]
Intensivstation	**intensive care unit**	[ɪntensɪv ˈkeə juːnɪt]
Kiefer	**jaw**	[dʒɔː]
Kinn	**chin**	[tʃɪn]
Knie	**knee**	[niː]
Kniescheibe	**kneecap**	[ˈniːkæp]
Knochen	**bone**	[bəʊn]
Kopf	**head**	[hed]
Krampf	**cramp**	[kræmp]
Krankenbett	**hospital bed**	[ˈhɒspɪtl bed]
Krankenhaus	**hospital**	[ˈhɒspɪtl]
Krankenpfleger	**(male) nurse**	[(meɪl) ˈnɜːs]
Krankenschwester	**nurse**	[nɜːs]
Krankenversicherungskarte	**medical insurance card**	[medɪkl inˈʃʊərəns kɑːd]
Krankenwagen	**ambulance**	[ˈæmbjʊləns]
Kreislauf	**circulation**	[sɜːkjʊˈleɪʃn]
Lunge	**lung**	[lʌŋ]
Magen	**stomach**	[ˈstʌmək]
Menstruation	**menstruation**	[menstrʊˈeɪʃn]
Mund	**mouth**	[maʊθ]
Muskel	**muscle**	[mʌsl]
Nacken	**neck**	[nek]
Narkose	**anaesthetic**	[ænəsˈθetɪk]
Nase	**nose**	[nəʊz]
Nerv	**nerve**	[nɜːv]

Niere	**kidney**	[ˈkɪdnɪ]
Notaufnahme	**accident and emergency (A&E) unit**	[ˈæksɪdənt ənd ɪˈmɜːdʒənsɪ (ˈeɪ ənd iː) ˈjuːnɪt]
Ohr	**ear**	[ɪə]
Operation	**operation**	[ɒpəˈreɪʃn]
operieren	**to operate on**	[ˈɒpəreɪt ɒn]
Patient/in	**patient**	[ˈpeɪʃnt]
Plombe	**filling**	[ˈfɪlɪŋ]
Röntgenaufnahme	**X-ray**	[ˈeksreɪ]
Röntgengerät	**X-ray machine**	[ˈeksreɪ məˈʃiːn]
Rücken	**back**	[bæk]
Sanitäter/in	**paramedic**	[pærəˈmedɪk]
Schlaftablette	**sleeping tablet**	[ˈsliːpɪŋ tæblət]
Schmerz	**pain**	[peɪn]
Sprechstunde	**surgery hours** *pl*	[ˈsɜːdʒərɪ aʊəz]
Spritze	**injection**	[ɪnˈdʒekʃn]
Station	**ward**	[wɔːd]
Termin	**appointment**	[əˈpɔɪntmənt]
Therapie	**therapy**	[ˈθerəpɪ]
untersuchen	**to examine**	[ɪgˈzæmɪn]
Untersuchung	**examination**	[ɪgzæmɪˈneɪʃn]
Urinprobe	**urine sample**	[ˈjʊərɪn sɑːmpl]
Verdauung	**digestion**	[dɪˈdʒestʃən]
Versicherung	**insurance**	[ɪnˈʃʊərəns]
Visite	**visit**	[ˈvɪzɪt]
Wartezimmer	**waiting room**	[ˈweɪtɪŋ ruːm]
weh tun	**to hurt**	[hɜːt]
Zahn	**tooth**	[tuːθ]
Zunge	**tongue**	[tʌŋ]

Aids	**Aids**	[eɪdz]
Asthma	**asthma**	[ˈæzmə]
Diabetes	**diabetes**	[daɪəˈbiːtɪz]
Durchfall	**diarrhoea**	[daɪəˈrɪə]
Fieber	**fever**	[ˈfiːvə]
Gelenkrheumatismus	**rheumatism**	[ˈruːmətɪzm]
Grippe	**flu**	[fluː]
Halsschmerzen	**sore throat**	[sɔː ˈθrəʊt]
Herzinfarkt	**heart attack**	[ˈhɑːt ətæk]
Husten	**cough**	[kɒf]
Knochenbruch	**fracture**	[ˈfrækʃə]
Kolik	**colic**	[ˈkɒlɪk]
Kopfschmerzen	**headache**	[ˈhedeɪk]
Krebs	**cancer**	[ˈkænsə]
Kreislaufstörung	**circulatory disorder**	[sɜːkjʊˈleɪtərɪ dɪsˈɔːdə]
Lebensmittel-vergiftung	**food poisoning**	[ˈfuːd pɔɪznɪŋ]
Lungenentzündung	**pneumonia**	[njuːˈməʊnɪə]
Magenschmerzen	**stomach ache**	[ˈstʌmək eɪk]
Mandelentzündung	**tonsillitis**	[tɒnsɪˈlaɪtɪs]
Masern	**measles** *pl*	[ˈmiːzlz]
Migräne	**migraine**	[ˈmaɪgreɪn]
Mittelohrentzündung	**middle ear inflammation**	[ˈmɪdl ɪə ɪnfləˈmeɪʃn]
Scharlach	**scarlet fever**	[ˈskɑːlət fiːvə]
Schlaganfall	**stroke**	[strəʊk]
Schnupfen	**cold**	[kəʊld]
Verdauungsstörung	**indigestion**	[ɪndɪˈdʒestʃən]

Hilfe!	**Help!**	[help]
Polizei!	**Police!**	[pəˈliːs]
Bitte rufen Sie schnell die Polizei!	**Quick, call the police!**	[ˈkwɪk ˈkɔːl ðə pəˈliːs]
Wo ist bitte das nächste Polizei-revier?	**Where's the nearest police station, please?**	[weəz ðə ˈnɪərəst pəˈliːs steɪʃn ˈpliːz]
Ich möchte einen Diebstahl/Verlust/ Unfall melden.	**I'd like to report a theft/loss/an acci-dent.**	[aɪd laɪk tə rɪˈpɔːt ə ˈθeft/ˈlɒs/ən ˈæksɪdənt]
Mir ist die Handta-sche/Brieftasche/mein Fotoapparat/Auto gestohlen worden.	**My handbag/ wallet/camera/car has been stolen.**	[maɪ ˈhændbæg/ ˈwɒlɪt/ˈkæmərə/ ˈkɑː hæz biːn ˈstəʊlən]
Ich möchte ... anzei-gen.	**I'd like to report...**	[aɪd laɪk tə rɪˈpɔːt...]
Ich wurde überfallen.	**I've been attacked.**	[aɪv biːn əˈtækt]
Ich habe ... verloren.	**I've lost my...**	[aɪv lɒst maɪ...]
Mein Auto ist aufge-brochen worden.	**My car's been bro-ken into.**	[maɪ ˈkɑːz biːn brəʊkn ˈɪntʊ]

Kann ich bitte telefonieren.	**Can I make a call, please?**	[kən aɪ meɪk ə ˈkɔːl pliːz]
Füllen Sie bitte dieses Formular aus.	**Please fill in this form.**	[pliːz fɪl ˈɪn ðɪs ˈfɔːm]
Ich bin unschuldig.	**I'm innocent.**	[aɪm ˈɪnəsnt]
Ich möchte bitte mit einem Anwalt sprechen.	**I'd like to see a lawyer, please.**	[aɪd laɪk tə ˈsiː ə ˈlɔːjə pliːz]
Ich möchte die deutsche Botschaft anrufen.	**I'd like to call the German embassy.**	[aɪd laɪk tə ˈkɔːl ðə dʒɜːmən ˈembəsɪ]
Ich erkenne den Mann/die Frau wieder.	**I'd recognize the man/woman.**	[aɪd ˈrekəgnaɪz ðə ˈmæn/ˈwʊmən]
Ich habe mich an die Verkehrsregeln gehalten.	**I broke no traffic laws.**	[aɪ brəʊk nəʊ ˈtræfɪk lɔːz]
Ich bin ... km/h gefahren.	**I was driving... km (miles) an hour.**	[aɪ wɒz draɪvɪŋ... ˈkɪləmiːtəz (ˈmaɪlz) ən ˈaʊə]
Gab es dabei Zeugen?	**Were there witnesses?**	[wɜː ðeə ˈwɪtnəsɪz]

Anzeige	**report**	[rɪˈpɔːt]
aufbrechen	**to break into**	[breɪk ˈɪntʊ]
Auto	**car**	[kɑː]
Autoschlüssel	**car key**	[ˈkɑː kiː]
belästigen	**to molest**	[məˈlest]
beschlagnahmen	**to seize**	[siːz]
Brieftasche	**wallet**	[ˈwɒlɪt]
Dieb/in	**thief**	[θiːf]
Diebstahl	**theft**	[θeft]
EC-Karte	**cash card**	[ˈkæʃ kɑːd]
Einbrecher/in	**burglar**	[ˈbɜːglə]
Einbruch	**burglary**	[ˈbɜːglərɪ]
Falschgeld	**counterfeit money**	[ˈkaʊntəfɪt ˈmʌnɪ]
Formular	**form**	[fɔːm]
Fundbüro	**lost property office**	[lɒst ˈprɒpətɪ ɒfɪs]
Gefängnis	**prison**	[ˈprɪzn]
Geldbörse	**purse**	[pɜːs]
Gericht	**court**	[kɔːt]
gestohlen	**stolen**	[ˈstəʊlən]
Gewalttäter/in	**violent criminal**	[ˈvaɪələnt ˈkrɪmɪnəl]
gewalttätig	**violent**	[ˈvaɪələnt]
Haft	**custody**	[ˈkʌstədɪ]
Handschellen	**handcuffs** *pl*	[ˈhændkʌfs]
Handtasche	**handbag**	[ˈhændbæg]
illegal	**illegal**	[ɪˈliːgl]
Kaution	**bail**	[beɪl]
Konsulat	**consulate**	[ˈkɒnsjələt]
Papiere	**papers** *pl*	[ˈpeɪpəz]
Personalausweis	**identification**	[aɪdentɪfɪˈkeɪʃn]

Polizei	**police**	[pə'li:s]
Polizist/in	**policeman/-woman**	[pə'li:smən/ -wʊmən]
Rauschgift	**drugs** *pl*	[drʊgz]
Rechtsanwalt/ -anwältin	**lawyer**	['lɔ:jə]

In Großbritannien erreichen Sie Notdienste und auch die Polizei unter den Rufnummern 999 und 112. In den USA wählen Sie in Notfällen die 911.

Reisepass	**passport**	['pɑ:spɔ:t]
Richter/in	**judge**	['dʒʌdʒ]
Schlüssel	**key**	[ki:]
Schusswaffe	**firearm**	['faɪəɑ:m]
Taschendieb/in	**pickpocket**	['pɪkpɒkɪt]
Überfall	**attack**	[ə'tæk]
Unfall	**accident**	['æksɪdənt]
unschuldig	**innocent**	['ɪnəsnt]
Untersuchung	**examination**	[ɪgsæmɪ'neɪʃn]
Verbrechen	**crime**	[kraɪm]
Verbrecher/in	**criminal**	['krɪmɪnəl]
Vergewaltigung	**rape**	[reɪp]
verhaften	**to arrest**	[ə'rest]
Verkehrswidrigkeit	**violation of traffic laws**	[vaɪə'leɪʃn əv 'træfɪk lɔ:z]
verlieren	**to lose**	[lu:z]
verprügeln	**to beat up**	[bi:t 'ʌp]
Zeuge/Zeugin	**witness**	['wɪtnɪs]

Amtliches Kennzeichen	**registration number**	[redʒɪs'treɪʃn nʌmbə]
angeschnallt	**wearing a seat belt**	[weərɪŋ ə 'si:t belt]
Anschrift	**address**	[ə'dres]
Aufnehmende Polizeidienststelle	**police station reported to**	[pə'li:s steɪʃn rɪ'pɔ:tɪd tʊ]
Fahrerflucht	**hit-and-run**	['hɪtən'rʌn]
Fahrzeug	**vehicle**	['vɪəkl]
Fahrzeuginsassen	**passengers** *pl*	['pæsɪndʒəz]
Fahrzeugschäden	**damage to a vehicle**	['dæmɪdʒ tʊ ə 'vɪəkl]
Kurze Schilderung des Unfallverlaufs	**brief description of the incident**	[bri:f dɪ'skrɪpʃn əv ðɪ 'ɪnsɪdənt]
Ort	**location**	[ləʊ'keɪʃn]
Straße	**street**	['stri:t]
Tag	**day**	[deɪ]
Unfallbeteiligte	**persons involved**	[pɜ:snz ɪn'vɒlvd]
Unfallort	**place of accident**	['pleɪs əv 'æksɪdənt]
Unfallprotokoll	**accident report**	['æksɪdənt rɪ'pɔ:t]
Unfallzeit	**time of accident**	['taɪm ev 'æksɪdənt]
Verletzungen	**injuries** *pl*	['ɪndʒəri:z]
Versicherung	**insurance**	[ɪn'ʃʊərəns]
Versicherungsnummer	**insurance number**	[ɪn'ʃʊərəns nʌmbə]
Vorfahrt	**right of way**	[raɪt əv 'weɪ]
Zeugen	**witnesses** *pl*	['wɪtnɪsɪz]
Zulassung	**car registration**	['kɑ: redʒɪ'streɪʃn]

Daten & Fakten

eins	**one**	[wʌn]
zwei	**two**	[tuː]
drei	**three**	[θriː]
vier	**four**	[fɔː]
fünf	**five**	[faɪv]
sechs	**six**	[sɪks]
sieben	**seven**	[ˈsevn]
acht	**eight**	[eɪt]
neun	**nine**	[naɪn]
zehn	**ten**	[ten]
elf	**eleven**	[ɪˈlevn]
zwölf	**twelve**	[twelv]
dreizehn	**thirteen**	[θɜːˈtiːn]
vierzehn	**fourteen**	[fɔːˈtiːn]
fünfzehn	**fifteen**	[fɪfˈtiːn]
sechzehn	**sixteen**	[sɪksˈtiːn]
siebzehn	**seventeen**	[sevnˈtiːn]
achtzehn	**eighteen**	[eɪˈtiːn]
neunzehn	**nineteen**	[naɪnˈtiːn]
zwanzig	**twenty**	[ˈtwentɪ]
einundzwanzig	**twenty-one**	[twentɪˈwʌn]
zweiundzwanzig	**twenty-two**	[twentɪˈtuː]
dreiundzwanzig	**twenty-three**	[twentɪˈθriː]
dreißig	**thirty**	[ˈθɜːtɪ]
einunddreißig	**thirty-one**	[θɜːtɪˈwʌn]
vierzig	**forty**	[ˈfɔːtɪ]
fünfzig	**fifty**	[ˈfɪftɪ]
sechzig	**sixty**	[ˈsɪkstɪ]
siebzig	**seventy**	[ˈsevntɪ]

achtzig	**eighty**	[ˈeɪtɪ]
neunzig	**ninety**	[ˈnaɪntɪ]
einhundert	**one hundred**	[wʌn ˈhʌndrəd]
zweihundert	**two hundred**	[ˈtuː hʌndrəd]
dreihundert	**three hundred**	[ˈθriː hʌndrəd]
eintausend	**one thousand**	[wʌn ˈθaʊznd]
zweitausend	**two thousand**	[ˈtuː θaʊznd]
einhunderttausend	**one hundred thousand**	[wʌn hʌndrəd ˈθaʊznd]
eine Million	**one million**	[wʌn ˈmɪljən]
ein Halb	**one half**	[wʌn ˈhɑːf]
ein Viertel	**one quarter**	[wʌn ˈkwɔːtə]
Millimeter	**millimetre**	[ˈmɪlɪmiːtə]
Zentimeter	**centimetre**	[ˈsentɪmiːtə]
Meter	**metre**	[ˈmiːtə]
Kilometer	**kilometre**	[ˈkiːləmiːtə]
Zoll (= 2,54 cm)	**inch**	[ɪntʃ]
Fuß (= 30,48 cm)	**foot**	[fʊt]
Yard (= 91,44 cm)	**yard**	[jɑːd]
Meile (= 1,609 km)	**mile**	[maɪl]
Gramm	**gram**	[græm]
Pfund	**pound**	[paʊnd]
Kilo	**kilogram**	[ˈkɪləgræm]
Milliliter	**millilitre**	[ˈmɪlɪliːtə]
Liter	**litre**	[ˈliːtə]

Wie viel Uhr ist es?	**What time is it?**	[wɒt ˈtaɪm ɪz ɪt]
ein Uhr	**one o'clock**	[wʌn əˈklɒk]
zwei Uhr	**two o'clock**	[tuː əˈklɒk]
dreizehn Uhr	**one (o'clock) p.m.**	[ˈwʌn (əklɒk) ˈpiː ˈem]
vierzehn Uhr	**two (o'clock) p.m.**	[ˈtuː (əklɒk) ˈpiː ˈem]
vierundzwanzig Uhr	**twelve (o'clock) a.m.**	[ˈtwelv (əklɒk) ˈeɪ ˈem]
10 Min. nach eins	**ten past one**	[ten pɑːst ˈwʌn]
Viertel nach eins	**quarter past one**	[kwɔːtə pɑːst ˈwʌn]
20 Min. nach eins	**twenty past one**	[twentɪ pɑːst ˈwʌn]
halb eins	**twelve thirty**	[twelv ˈθɜːtɪ]
20 Min. vor eins	**twenty to one**	[twentɪ tə ˈwʌn]
Viertel vor eins	**quarter to one**	[kwɔːtə tə ˈwʌn]
12 Uhr mittags	**noon**	[nuːn]
Mitternacht	**midnight**	[ˈmɪdnaɪt]
erster	**first**	[fɜːst]
zweiter	**second**	[ˈseknd]
dritter	**third**	[θɜːd]
vierter	**fourth**	[fɔːθ]
fünfter	**fifth**	[fɪfθ]
sechster	**sixth**	[sɪksθ]
siebter	**seventh**	[ˈsevnθ]
achter	**eighth**	[eɪtθ]
neunter	**ninth**	[naɪnθ]
zehnter	**tenth**	[tenθ]
elfter	**eleventh**	[ɪˈlevnθ]

zwanzigster	**twentieth**	[ˈtwentɪəθ]
einundzwanzigster	**twenty-first**	[twentɪˈfɜːst]
zweiundzwanzigster	**twenty-second**	[twentɪˈseknd]
dreißigster	**thirtieth**	[ˈθɜːtɪəθ]
einunddreißigster	**thirty-first**	[θɜːtɪˈfɜːst]
Minute	**minute**	[ˈmɪnɪt]
Stunde	**hour**	[ˈaʊə]
Tag	**day**	[deɪ]
Woche	**week**	[wiːk]
Jahr	**year**	[jɪə]
morgen	**tomorrow**	[təˈmɒrəʊ]
gestern	**yesterday**	[ˈjestədeɪ]
Vormittag	**morning**	[ˈmɔːnɪŋ]
Nachmittag	**afternoon**	[ɑːftəˈnuːn]
nachmittags	**in the afternoon**	[ɪn ðɪ ɑːftəˈnuːn]
vormittags	**in the morning**	[ɪn ðə ˈmɔːnɪŋ]
abends	**in the evening**	[ɪn ðɪ ˈiːvnɪŋ]
nachts	**at the night**	[æt ˈnaɪt]
Heute ist der 31. März 2014.	**Today is the thirty-first of March, two thousand and fourteen.**	[təˈdeɪ ɪz ðə θɜːtɪˈfɜːst əv ˈmɑːtʃ tuː θaʊznd ənd fɔːˈtiːn]
Nächste Woche, am 1. Mai.	**Next week, on the first of May.**	[nekst ˈwiːk ɒn ðə ˈfɜːst əv meɪ]
In der nächsten Woche haben wir den 22. Februar.	**Next week it's February the twenty-second.**	[nekst ˈwiːk ɪts ˈfebrʊərɪ ðə twentɪˈseknd]

Montag	**Monday**	[ˈmʌndeɪ]
Dienstag	**Tuesday**	[ˈtʃuːzdeɪ]
Mittwoch	**Wednesday**	[ˈwenzdeɪ]
Donnerstag	**Thursday**	[ˈθɜːzdeɪ]
Freitag	**Friday**	[ˈfraɪdeɪ]
Samstag	**Saturday**	[ˈsætədeɪ]
Sonntag	**Sunday**	[ˈsʌndeɪ]

täglich	**daily**	[ˈdeɪlɪ]
wöchentlich	**weekly**	[ˈwiːklɪ]
monatlich	**monthly**	[ˈmʌnθlɪ]
jährlich	**yearly**	[ˈjɪəlɪ]

Frühling	**spring**	[sprɪŋ]
Sommer	**summer**	[ˈsʌmə]
Herbst	**autumn** *UK*/**fall** *US*	[ˈɔːtəm/fɔːl]
Winter	**winter**	[ˈwɪntə]
Januar	**January**	[ˈdʒænjʊərɪ]
Februar	**February**	[ˈfebrʊərɪ]
März	**March**	[mɑːtʃ]
April	**April**	[ˈeɪprəl]
Mai	**May**	[meɪ]
Juni	**June**	[dʒuːn]
Juli	**July**	[dʒʊˈlaɪ]
August	**August**	[ˈɔːgəst]
September	**September**	[sepˈtembə]
Oktober	**October**	[ɒkˈtəʊbə]
November	**November**	[nəʊˈvembə]
Dezember	**December**	[dɪˈsembə]
im Juli	**in July**	[ɪn dʒʊˈlaɪ]

Wie wird das Wetter heute/morgen/ nächste Woche?	**What's the weather going to be like today/tomorrow/ next week?**	[wɒts ðə ˈweðə gəʊɪŋ tə ˈbiː laɪk təˈdeɪ/təˈmɒrəʊ/ nekst ˈwiːk]
Was sagt der Wetterbericht?	**What's the weather forecast?**	[wɔts ðə ˈweðə ˈfɔːkɑːst]
Heute ist es sehr heiß.	**It's very hot today.**	[ɪts verɪ ˈhɒt təˈdeɪ]
Was für ein schönes/ schlechtes Wetter heute!	**What lovely/awful weather we're having today!**	[wɑt ˈlʌvlɪ/ˈɔːfʊl weðə wɪə ˈhævɪŋ tədeɪ]
Bleibt es so?	**Will it stay like this?**	[wɪl ɪt ˈsteɪ laɪk ˈðɪs]
Es soll bald regnen/ aufklaren.	**It's going to rain/ clear up soon.**	[ɪts gəʊɪŋ tə ˈreɪn/ klɪə ˈʌp suːn]
Es wird Sturm erwartet.	**There's a storm coming.**	[ðeəz ə ˈstɔːm kʌmɪŋ]
Es soll ziemlich neblig werden.	**It's going to get quite foggy.**	[ɪts gəʊɪŋ tə get kwaɪt ˈfɒgɪ]
Es sind ... Grad (im Schatten).	**It's... degrees (in the shade).**	[ɪts... dɪˈgriːz (ɪn ðə ˈʃeɪd)]

bewölkt	**cloudy**	[ˈklaʊdɪ]
Frost	**frost**	[frɒst]
Gewitter	**thunderstorm**	[ˈθʌndəstɔːm]
glatt	**slippery**	[ˈslɪpərɪ]
Grad	**degree**	[dɪˈgriː]
heiß	**hot**	[hɒt]
Himmel, klarer	**clear sky**	[klɪə ˈskaɪ]
Hitze	**heat**	[hiːt]
kalt	**cold**	[kəʊld]
Kälte	**cold**	[kəʊld]
lau	**mild**	[maɪld]
nass	**wet**	[wet]
neblig	**foggy**	[ˈfɒgɪ]
regnerisch	**rainy**	[ˈreɪnɪ]
Reif	**hoarfrost**	[ˈhɔːfrɒst]
Schatten	**shade**	[ʃeɪd]
Schnee	**snow**	[snəʊ]
schwül	**humid**	[ˈhjuːmɪd]
Sonnenschein	**sunshine**	[ˈsʌnʃaɪn]
sonnig	**sunny**	[ˈsʌnɪ]
stürmisch	**stormy**	[ˈstɔːmɪ]
Temperatur	**temperature**	[ˈtemprətʃə]
Unwetter	**storm**	[stɔːm]
warm	**warm**	[wɔːm]
wechselhaft	**changing**	[ˈtʃeɪndʒɪŋ]
Wettervorhersage	**weather forecast**	[ˈweðə ˈfɔːkɑːst]
Wind	**wind**	[wɪnd]
windig	**windy**	[ˈwɪndɪ]
Wolken	**clouds** *pl*	[klaʊdz]

Wörterbuch

A

Aal eel
abbiegen to turn (off)
Abbildung picture
Abblendlicht dipped headlights *UK*/low beams *US pl*
abbrechen to break off
Abend evening
Abendessen dinner
aber but
abfahren to leave
Abfahrt departure
Abfall rubbish
Abflug take-off
Abführmittel laxative
Abgabe delivery
abgeben to hand over
abhalten to keep off
abheben to withdraw
abholen to collect
ablaufen to expire
ablegen to take off
ablehnen to decline, to refuse
abmelden to cancel
abrechnen to cash up
Abrechnung bill
Abreise departure
abreißen to tear off
Absage cancellation
absagen to cancel
abschaffen to abolish
abschalten to switch off
abschicken to send off
Abschied farewell
Abschleppdienst breakdown service
abschleppen to tow
abschließen to lock up
abschneiden to cut off
Absender sender
absichern to protect/secure
Absicht intention
Absprache arrangement
Abstand distance
abstellen to switch off
abstimmen to vote
Abstimmung vote
Absturz crash
abwarten to wait for
Abwehr refusal
Abweichung difference
abweisen to turn away
Abwicklung running
abziehen to take off
Abzug withdrawal
Achtung attention
Adapter adapter
addieren to add
Ader vein
Agentur agency
ahnen to suspect
Ahnung idea

Akku rechargeable battery
Akt act
Aktion action
aktivieren to activate
Akzent accent
akzeptieren to accept
Alarm alarm
Alkohol alcohol
Allergie allergy
Alltag everyday life
Alptraum nightmare
alt old
Alter age
Alternative alternative
Altstadt old town
Alufolie tinfoil
Ambiente ambience
Amerika America
Amerikaner/in American
Ampel traffic lights *pl*
Amt office
sich amüsieren to enjoy oneself
analysieren to analyse
Ananas pineapple
anbieten to offer
Anblick view, sight
Andenken souvenir
ändern to change
Anfall attack
Anfang beginning
Anfänger/in beginner
Anflug approach, landing
anfordern to request
Anforderung demand
Anfrage inquiry
angeben to state
Angebot offer
Angelegenheit affair
angeln to fish
Angestellte/r employee
angreifen to attack
Angreifer attacker
Angst fear
anhaben to wear
anhalten to stop
ankommen to arrive
Ankunft arrival
Anlasser starter
Anliegen request
anmelden to check in, to reserve
Anmeldung check-in, reservation
annähen to sew on
annehmen to accept
Anorak anorak
anpassen to adapt
anprobieren to try on
Anruf call
anrufen to call
Ansage announcement

anschauen to look at
Anschein appearance
Anschluss connection
anschnallen to belt up
ansehen to look at
Ansicht view
Ansichtskarte postcard
ansprechen to speak to
Anteil share
Anteilnahme sympathy
Antibiotikum antibiotic
antik antique
Antiquititätenhändler antique dealer
Antwort answer
antworten to answer
Anwalt/Anwältin lawyer
anwenden to use
Anweisung instruction
Anwohner/in resident
Anzahl number
Anzahlung deposit
Anzeichen sign
Anzeige notice
Anzug suit
Apartment flat *UK/* apartment *US*
Apfel apple
Apfelsine orange
Apotheke chemist's, pharmacy
Appetit appetite
Aprikose apricot
arbeiten to work
Arbeitgeber/in employer
Arbeitnehmer/in employee
Architektur architecture
Arena arena
Argument argument
arm poor
Arm arm
Armbanduhr watch
Ärmel sleeve
Armut poverty
Art sort
Artischoke artichoke
Arzneimittel medicine
Arzt/Ärztin doctor
Aschenbecher ashtray
Aspirin aspirin
Atem breath
Atlantik Atlantic
atmen to breathe
Attest certificate
aufbewahren to keep
Aufenthalt stay
auffahren to crash into
Auffahrunfall collision
Aufführung performance
aufgeben to post *UK/* to mail *US*
aufhören to stop
auflösen to dissolve

Aufnahme admission
Aufregung excitement
Aufruf call
aufrufen to call
aufschreiben to write down
Aufsicht supervision
Aufwand expense
Aufzug lift *UK*/elevator *US*
Auge eye
Augenarzt eye specialist
Augenblick moment
August August
Ausbildung training
Ausfahrt exit
Ausflug excursion, trip
Ausfuhrzoll export duty
ausfüllen to fill in
Ausgang exit
Ausgangspunkt starting point
ausgehen to go out
Auskunft information
Ausland foreign countries *pl*
ausleihen to borrow, to lend
Auspuff exhaust
Ausreise departure
ausschalten to switch off
Aussicht view
aussprechen to pronounce
aussteigen to get off
Ausstellung exhibition
Auster oyster
Ausweis identity card
auszahlen to pay out
Auto car
Autobahn motorway
Automobilklub automobile association
Autoreisezug motorail train
Autoschlüssel car key

B

Baby baby
Bach stream
Backbord port
Bäcker baker
Bäckerei bakery
Bad bath
Badeanzug swimsuit
Badehose swimming trunks *pl*
Badekappe bathing cap
Bademantel bathrobe
Bademeister lifeguard/pool attendant
baden to bathe
Badezimmer bathroom
Bahn railway
Bahnhof railway station
Bahnsteig platform
Bakterien bacteria *pl*
bald soon
Balkon balcony
Ball ball

Banane banana
Bank bank
Bankkonto bank account
Bargeld cash
Batterie battery
Bau construction
Bauarbeiten construction work
Bauch belly
bauen to build
Bauer farmer
Baum tree
Baumwolle cotton
Baustelle building site
beachten to observe
Beamter/Beamtin official
Beanstandung complaint
beantragen to apply for
beantworten to answer
Bedarf need
Bedauern regret
bedauern to regret
bedienen to serve
Bedienung service
Bedingung condition
Bedrohung threat
beeindruckt impressed
Befehl order
befreien to free
begegnen to meet
beginnen to begin
begleiten to accompany
Begleiter/in companion
Begleitung company
behalten to keep
behandeln to treat
Behandlung treatment
behaupten to claim
behindert disabled
Behörde authority
Bein leg
Beispiel example
beißen to bite
Beitrag contribution
beitragen to contribute
bekannt well-known
Bekanntgabe announcement
bekommen to get
Beleg receipt
Belohnung reward
bemerken to notice
Bemerkung remark
benachrichtigen to inform
benehmen to behave
benutzen to use
Benutzungsgebühr fee
Benzin petrol *UK*/gas *US*
Benzinkanister petrol can
beobachten to watch
beraten to advise
Berg mountain
Bergsteigen mountaineering
berichten to report

Beruf job
Beruhigungsmittel sedative
berühren to touch
beschädigen to damage
Bescheid notice
beschleunigen to accelerate
beschließen to decide
Beschreibung description
besichtigen to visit
Besichtigung tour, visit
Besitzer/in owner
Besteck cutlery
bestellen to order
Bestellung order
Besuch visit
besuchen to visit
Besucher/in visitor
Besuchszeit visiting hours *pl*
betonen to stress
Betrag amount, sum
betreffen to concern
Betrug fraud
betrunken drunk
Bett bed
Bettdecke duvet
Bettwäsche bedlinen
beurteilen to judge
bewachen to guard
bewegen to move
Bewegung movement
beweisen to prove
Bewohner/in resident
bezahlen to pay
Bezahlung payment
Beziehung relationship
Bezirk district
BH bra
Bibel bible
Bibliothek library
Bier beer
bieten to offer
Bild picture
Bildung education
billig cheap
Binde bandage
Bindfaden string
Birne pear
bitte please
bitten to ask
Blatt sheet, leaf
blau blue
Blaubeere blueberry
bleiben to stay
Bleistift pencil
Blick look
blicken to look
Blinddarm appendix
Blinker indicator *UK*/ turn signal *US*
Blitz lightning, flash
blitzen to flash
Blume flower

Blumenkohl cauliflower
Blumenstrauß bouquet
Bluse blouse
Blut blood
Blutdruck blood pressure
Bohne bean
Bonbons sweets *pl*
Boot boat
Bootsfahrt boat trip
Botschaft embassy
Botschafter ambassador
Brand fire
Braten roast
brauchen to need
Brauerei brewery
Bremse brake
bremsen to brake
brennen to burn
Brief letter
Briefkasten postbox *UK*/ mailbox *US*
Briefmarke stamp
Briefträger postman
Briefumschlag envelope
Brille glasses *pl*
bringen to bring
britisch British
Brombeere blackberry
Bronchitis bronchitis
Brot bread
Brötchen roll
Bruder brother
Brunnen fountain
Brust chest
Brustkorb ribcage
Buch book
buchen to book
Büchsenöffner tin opener
Buchstabe letter
buchstabieren to spell
Buchung booking
bügeln to iron
Bühne stage
Bundesrepublik Deutschland Federal Republic of Germany
Bungalow bungalow
bunt colourful
Burg castle
Bürgersteig pavement *UK*/ sidewalk *US*
Büro office
Bürste brush
Bus bus
Bushaltestelle bus stop
Butter butter

C

Café café
Camping camping
Campingausweis camping pass
Campingplatz campsite
Chance chance

Chaos chaos
Charakter character
Charme charm
chartern to charter
Chef/in boss
Chemie chemistry
Chirurg/in surgeon
Chor choir
Christ/in Christian
Christentum Christianity
Computer computer
Cousin/e cousin

D

Dach roof
Dame lady
Damenbinde sanitary towel
Damentoilette ladies' toilet
Dampfer steamer
danke thank you
danken to thank
Darm intestines
darstellen to represent
Darstellung representation
Datteln dates *pl*
Datum date
Dauer duration
dauern to last
Daumen thumb
dazugehören to belong to it
Debatte debate
Decke blanket
Demokratie democracy
Denkmal monument
Deodorant deodorant
Desinfektionsmittel disinfectant
Deutschland Germany
Dezember December
Diabetiker/in diabetic
Diagnose diagnosis
Diät diet
Diätkost dietary food
Dichter/in poet
dick fat
Diesel diesel
Ding thing
Diplomat/in diplomat
direkt direct
Diskothek disco
diskutieren to discuss
Doktor/in doctor
Dolmetscher/in interpreter
Donner thunder
Donnerstag Thursday
Doppelzimmer double room
Dorf village
Dose box, tin
Draht wire
Drama drama
Dreck dirt
drehen to turn

Drogerie chemist's
drohen to threaten
Drohung threat
drücken to push
dumm stupid
dunkel dark
dünn thin
Durchfahrt passage
Durchfall diarrhoea
Durchgang passage
dürfen to be allowed to
Durst thirst
Dusche shower
Dutzend dozen

E

EC-Karte cash card *UK*/ ATM card *US*
Ecke corner
Ehe marriage
Ehefrau wife
Ehemann husband
Ehepaar married couple
Ehre honour
Ei egg
eifersüchtig jealous
Eigenschaft feature
Eilbrief express letter
Eimer bucket
Einbahnstraße one-way street
Einbrecher/in burglar
einfach simple
Einfahrt entrance
Eingang entrance
einkaufen to shop
Einkaufszentrum shopping centre
einladen to invite
Einladung invitation
Einnahme taking, receipt
einpacken to pack up
Einreisevisum entry visa
Einrichtung furniture
einschalten to switch on
einschlafen to fall asleep
einsparen to save
einsteigen to get on
Eintrag entry
eintreten to go in, to enter
Eintritt admission, entry
einzahlen to pay in
Einzelhandel retail trade
Einzelzimmer single room
Eis ice cream
Eisbecher sundae
Eisdiele ice-cream parlour
Eisenbahn railway
Elektriker/in electrician
Elektronik electronics
Ellbogen elbow
Eltern parents *pl*
Emotion emotion

Empfang reception
Empfänger receiver, addressee
empfehlen to recommend
Ende end
enden to end
Endstation terminus
Energie energy
England England
Englisch English
Enkel/in grandson/-daughter
Entdeckung discovery
Ente duck
entfernen to remove
Entfernung distance
entlassen to dismiss
entscheiden to decide
Entscheidung decision
entschuldigen to excuse
Entschuldigung sorry, excuse me
Entspannung relaxation
entsprechen to correspond to
Entwicklung development
Entzündung inflammation
Erdbeben earthquake
Erdbeere strawberry
Erde earth
Erdgeschoss ground floor
Erdnuss peanut
erfahren to experience
Erfahrung experience
Erfindung invention
Erfolg success
Ergebnis result
ergreifen to seize
ergriffen moved
erhalten to get
erinnern to remember
erkennen to recognize
Erkrankung illness
erlaubt allowed
erleben to experience
Ermäßigung reduction
erreichen to reach
Ersatzteil spare part
erscheinen to appear
erste Hilfe first aid
Erwachsene/r adult
erwähnen to mention
erwarten to expect
Erwartung expectation
erweitern to widen
erwerben to acquire
erzeugen to produce
essen to eat
Essen food
Essig vinegar
Etage floor
Euro euro
Europa Europe
Existenz existence
Experiment experiment

Experte expert
Explosion explosion

F

Fabrik factory
Facharzt specialist
Fahrbahn lane
Fähre ferry
fahren to drive
Fahrer/in driver
Fahrkarte ticket
Fahrplan timetable
Fahrrad bicycle
Fahrstuhl lift *UK*/elevator *US*
Fahrt trip, drive
Fahrtroute route
Fahrzeug vehicle
Falle trap
fallen to fall
Familie family
Familienname surname
Familienstand marital status
fangen to catch
Farbe colour
Fassung frame
Februar February
fehlen to be missing
Fehler mistake
Feier celebration
feiern to celebrate
Feiertag (bank) holiday
Feige fig
Feile file
Feld field
Fels rock
Fenster window
Ferien holiday
Ferne distance
Ferngespräch long-distance call
Fernseher television, TV
Ferse heel
Fest party
Festival festival
feststellen to find out
Feststellung statement
Feuer fire
Feuerlöscher fire extinguisher
Feuerwehr fire brigade
Feuerzeug lighter
Fieber fever
Figur figure
Film film
Finanzen finances *pl*
finden to find
Finger finger
Firma company, firm
Fisch fish
Flagge flag
Flasche bottle
Flaschenöffner bottle opener
Fleck stain

Fleisch meat
flicken to mend
Fliege fly
fliegen to fly
Flug flight
Fluggesellschaft airline
Flughafen airport
Flugplan flight timetable
Flugzeug airplane
Fluss river
Flut high tide
folgen to follow
Föhn hairdryer
fordern to demand
Form form
Foto photo
Fotoapparat camera
fotografieren to photograph
Frage question
fragen to ask (a question)
frankieren to stamp
Frau woman
Frauenarzt gynaecologist
frei free
Freibad open-air swimming pool
Freiheit freedom
Freizeit free time
Fremde/r stranger
Fremdenführer/in tourist guide
freuen to be glad
Freund friend, boyfriend
Freundin friend, girlfriend
Freundschaft friendship
Frieden peace
Friedhof cemetery
frieren to freeze
Friseur hairdresser
Frisur hairstyle
Frost frost
Fruchtsaft fruit juice
früh early
Frühling spring
Frühstück breakfast
frühstücken to have breakfast
fühlen to feel
führen to lead, to guide
Führerschein driving licence *UK*/driver's license *US*
Fundbüro lost property office
Funk radio
funktionieren to work
Fuß foot
Fußball football *UK*/soccer *US*
Fußgänger/in pedestrian
Fußgängerübergang pedestrian crossing

G

Gabel fork
Gang hall, course

Garage garage
Garantie guarantee
garantieren to guarantee
Garderobe cloakroom
Garnele prawn
Garten garden
Gas gas
Gast guest
Gastgeber/in host/hostess
Gebäck pastries *pl*
Gebäude building
geben to give
Gebiet area
Gebirge mountains *pl*
Gebot rule
Gebrauch use
Gebühr charge, fee
Geburt birth
Geburtsort place of birth
Geburtstag birthday
Gedanke thought
Gedicht poem
Geduld patience
Gefahr danger
Geflügel poultry
Gegend region
Gegensatz contrast
Gegenteil opposite
Gegenwart present
Gegner/in opponent
Geheimnis secret
gehen to go, to walk
Gehirnerschütterung concussion
gehören to belong to
Geist mind
gelb yellow
Geld money
Geldschein banknote
Geldwechsel change
Gelegenheit opportunity
Gelenk joint
gelten to be valid
Gemeinschaft community
Gemüse vegetables *pl*
Genehmigung permission
genießen to enjoy
genügen to be enough
Gepäck luggage
Gepäckaufbewahrung left luggage *UK*/baggage storage *US*
Gepäckträger/in porter
Gericht dish
Geschäft business
Geschäftsreise business trip
geschehen to happen
Geschenk gift
Geschichte history, story
Geschlecht sex
geschlossen closed
Geschwindigkeit speed

Gesetz law
Gesicht face
Gespräch conversation
Gestalt form
gestalten to shape
Geste gesture
gestern yesterday
Gesundheit health
Getränk drink
Getreide cereals
Gewalt violence
Gewicht weight
Gewitter thunderstorm
Gewürz spice
gießen to pour
Gift poison
Glas glass
Glaube belief
glauben to believe
Gleis track
Glück luck
Glückwunsch congratulations *pl*
Glühbirne light bulb
Golf golf
Gott God
Gottesdienst service
Gramm gram
Grapefruit grapefruit
gratulieren to congratulate
greifen to grab
Grenze border, limit
Griff grasp
groß big
Großbritannien Great Britain
Größe size, height
Großmutter grandmother
Großvater grandfather
grün green
Grund ground, reason
Gruppe group
Gruß greeting
grüßen to greet
Gurke cucumber
Gürtel belt
gut good
Gymnasium secondary school

H

Haarbürste hairbrush
Haare hair
Haarfarbe hair colour
Haarfestiger setting lotion
Haarklemme hair clip
Haarshampoo shampoo
haben to have
Hafen port, bay
Hafenstadt seaport
Hagel hail
Hahn cock *UK*/rooster *US*
Halbpension half-board
Hälfte half

Hallenbad indoor pool
hallo hello
halten to stop
Haltestelle stop
Halteverbot no stopping
Hammer hammer
Hand hand
Handbremse hand brake
handeln to act, to bargain
Handgepäck hand luggage
Handlung action
Handschuh glove
Handtasche handbag
Handtuch towel
Handy mobile *UK*/cell phone *US*
Hängematte hammock
hart hard
Haselnuss hazelnut
hässlich ugly
Hauptbahnhof main train station
Hauptsache main thing
Hauptstadt capital (city)
Hauptstraße main street
Haus house
Hausfrau housewife
Hausnummer house number
Hausschlüssel house key
Haustür front door
Haut skin
Hebamme midwife
Heim home
Heimat home
Heimatstadt home town
heiraten to marry
heißen to be called
Heizung heating
Held hero
helfen to help
Helfer/in helper
hell light
Herausforderung challenge
Herbst autumn *UK*/fall *US*
Herd stove
Herr gentleman
Herrentoilette men's toilet
Herrscher/in ruler
herstellen to manufacture
Herz heart
heute today
Hilfe help
Himbeere raspberry
Himmel sky
Hintergrund background
hinterlassen to leave behind
hinterlegen to deposit
Hinweis hint
Historiker/in historian
Hitze heat
hoch high
Hochzeit wedding

Hof yard
hoffen to hope
hoffentlich hopefully
Höhle cave
holen to get
Holz wood
Honig honey
hören to hear
Hose trousers *UK*/pants *US pl*
Hotel hotel
Hotelhalle lobby
Hubschrauber helicopter
Hummer lobster
Humor humour
Hund dog
hungrig hungry
Hupe horn
Hut hat

I

Idee idea
identifizieren to identify
Illusion illusion
Illustrierte magazine
Immobilie property
impfen to vaccinate
Impfpass vaccination card
Import importing
Information information
Informationsschalter information desk
informieren to inform
Inhaber/in owner
Inhalt content
Injektion injection
Innenkabine inside cabin
Innenstadt town centre
Insekten insects *pl*
Insektenmittel insect repellent
Insel island
Interesse interest
interessieren to be interested in
Internist/in internist
Irisch Irish
Irland Ireland
Irrtum error

J

ja yes
Jacht yacht
Jacke jacket
Jackett jacket
Jagd hunt
Jagdschein hunting licence
Jahr year
Jahreszeit season
Jahrhundert century
Jahrtausend millennium
Jahrzehnt decade
Januar January
Jod iodine
Journalist/in journalist

Jugend youth
Jugendherberge youth hostel
Juli July
jung young
Junge boy
Juni June
Juwelier jeweller

K

Kabine cabin
Kaffee coffee
Kaffeekanne coffee pot
Kakao cocoa
Kalbfleisch veal
Kalender calendar
kalt cold
Kamin fireplace
Kampf fight
Kanal channel
Kappelle chapel
kaputt broken
Karotte carrot
Karriere career
Karte card, map, menu
Kartoffel potato
Käse cheese
Kasse till
Katalog catalogue
kaufen to buy
Keks biscuit *UK*/cookie *US*
Kellner/in waiter/waitress
kennen to know
Kenntnisse knowledge
Kerze candle
Kette chain
Kilo kilogram
Kilometer kilometre
Kind child
Kinderarzt paediatrician
Kinderbett cot *UK*/crib *US*
Kinn chin
Kino cinema
Kirche church
Kirsche cherry
Klasse class
Kleid dress
Kleiderbügel coat hanger
klein small
Kleingeld change
Klima climate
Klimaanlage air conditioning
Klinik clinic, hospital
klopfen to knock
Klub club
Kneipe pub
Knie knee
Knoblauch garlic
Knöchel ankle
Knochen bone
Knopf button
Knoten knot
Koch/Köchin cook

kochen to cook
koffeinfrei decaffeinated
Koffer suitcase
Kofferraum boot *UK*/trunk *US*
kommen to come
Kompass compass
Kondom condom
können to be able, can
Kontaktlinsen contact lenses *pl*
Konzert concert
Kopf head
Kopfkissen pillow
Kopfsalat lettuce
Kopfschmerzen headache
Kopie copy
Korkenzieher corkscrew
Körper body
kosten to cost
Krach crash, noise
Kraft power
Krankenhaus hospital
Krankenschwester nurse
Krankenwagen ambulance
Krankheit illness
Kräuter herbs *pl*
Krawatte tie
Kreditkarte credit card
Kreis circle
Kreislauf circulation
Kreisverkehr roundabout
Kreuzfahrt cruise
Kreuzung junction *UK*/intersection *US*
Küche kitchen
Küchenrolle kitchen roll
Kuchen cake
Kugelschreiber ballpoint pen
Kühlschrank fridge
Kurs course
kurz short
küssen to kiss
Küste coast

L

lächeln to smile
lachen to laugh
Ladegerät battery charger
Laden shop, store
Lamm lamb
Land country
Landkarte map
Landschaft landscape
lang long
langweilig boring
lassen to leave
laufen to run
laut loud
Leben life
leben to live
Lebensmittel groceries *pl*
Lebensmittelgeschäft food shop

Leder leather
legen to put
Lehrer/in teacher
leidtun to be sorry
leihen to borrow, to lend
Leihgebühr rental charge
leise quiet
Lenkrad steering wheel
Leute people *pl*
Licht light
Lichtschalter light switch
Liebe love
Lied song
liegen to lie
links left
Lippe lip
Liter litre
Locken curls *pl*
Löffel spoon
Luft air
Luftmatratze air mattress
Luftpost air mail
lügen to lie
Lunge lung
Lust desire
lustig funny

M

machen to do
Mädchen girl
Magen stomach
Mai May
Mais (sweet)corn
Maler/in painter
Mandarine mandarin
Mandelentzündung tonsillitis
Mann man
Mantel coat
Margarine margarine
Markt market
Marmelade jam
März March
Material material
Medikament medicine
Meer sea
Meile mile
meinen to mean
Meinung opinion
Melone melon
Mensch human being
Menstruation menstruation
merken to notice
messen to measure
Messer knife
Meter metre
Metzger butcher
mieten to rent
Milch milk
Minute minute
mischen to mix
missverstehen to misunderstand

mit with
Mitglied member
mitmachen to take part
Mittagessen lunch
Mitte middle
Mittwoch Wednesday
Möbel furniture
mögen to like
möglich possible
Moment moment
Monat month
Mond moon
Morgen morning
morgen tomorrow
Motor engine
Motorboot motorboat
Motorrad motorcycle
Mücke mosquito
Mühe trouble
Müll rubbish
Mülleimer rubbish bin
Mülltonne dust bin
Mund mouth
Münze coin
Museum museum
Musik music
Musiker/in musician
müssen to have to
mutig brave
Mutter mother
Muttersprache mother tongue

N

Nachbar/in neighbour
Nachfrage demand
nachholen to make up for
Nachmittag afternoon
Nachname surname
Nachrichten news *pl*
nachschlagen to look up
nachsenden to forward
Nacht night
Nachtdienst night duty
Nachteil disadvantage
Nachtklub night club
Nadel needle
Nagel nail
nah near
Nahrung(smittel) food
Nahverkehr local traffic
Name name
Nase nose
Nationalität nationality
Nationalpark national park
Natur nature
Naturschutz conservation
Naturschutzgebiet nature reserve
Navi satnav
Nebel fog
Nebenkosten extras *pl*
Nebenwirkung side effect
Neffe nephew

nehmen to take
nein no
nennen to call
Nerv nerve
Netz net
neu new
neugierig curious
Nichte niece
Nichtraucher/in non-smoker
Niederlage defeat
Niere kidney
Niveau level
Norden north
Notausgang emergency exit
Notbremse emergency brake
Notfall emergency
notieren to make note of
Notwehr self-defence
November November
Nudeln pasta
Nummer number
Nummernschild number plate
Nuss nut
nutzen to use

O

Obst fruit
oder or
offen open
Öffnungszeiten opening hours *pl*
ohne without
Ohr ear
Ohrring earring
Oktober October
Öl oil
Olive olive
Omnibus bus
Onkel uncle
Oper opera
Operation operation
operieren to operate
Opfer victim
Optiker optician
Orange orange
Orchester orchestra
ordnen to arrange
Ordnung order
Organ organ
Organisation organisation
organisieren to organize
Orientierung orientation
Original original
Ort place
Ortsgespräch local call
Osten east
Ostern Easter

P

Paar pair, couple
packen to pack
Packung package

Paket parcel
Panik panic
Panne breakdown
Papier paper
Papiertaschentuch tissue
Paprika paprika, bell pepper
Parfümerie perfume shop
Park park
parken to park
Parkgebühr parking fee
Parkhaus car park
Parkplatz parking space
Parkschein parking ticket
Parkverbot no parking
Partner/in partner
Party party
Pass pass(port)
Passagier/in passenger
passen to fit
Passkontrolle passport control
Patient/in patient
Pauschalreise package tour
Pause break
Pech bad luck
Pension bed and breakfast
Person person
Personal staff
Personalien particulars *pl*
Petersilie parsley
Pfarrer/in minister
Pfeffer pepper
Pferd horse
Pfingsten Whitsun
Pfirsich peach
Pflanze plant
Pflaster plaster
Pflaume plum
pflegen to care for
Pflicht duty
Pförtner/in porter
Pfund pound
Pianist/in pianist
Picknick picnic
Pille pill
Pilot/in pilot
Pilz mushroom
Pinsel brush
Pkw motorcar
Plakat poster
Plakette badge
Plan timetable
Planet planet
Plastik sculpture
Plastikbeutel plastic bag
Platz place, square, seat
Plombe filling
Politiker/in politician
Polizeirevier police station
Polizeiwagen police car
Polizist/in police officer
Pommes frites chips *UK*/ French fries *US pl*

Portemonnaie purse
Portier porter
Portion portion
Porto postage
Position position
Post post *UK*/mail *US*
Postamt post office
Postkarte postcard
Praxis practice
Preis price
Preiserhöhung price increase
Preisermäßigung price reduction
Presse press
Prinzip principle
privat private
Probe sample
Problem problem
Produkt product
Professor/in professor
Programm programme
Projekt project
Prospekt brochure
Protest protest
Prothese prosthetic
Protokoll record
Provision commission
Prozent per cent
Prozess trial
prüfen to test, to check
Publikum audience
Pullover sweater
Punkt point
pünktlich punctual, on time
Pute turkey
putzen to clean
Putzmittel cleaning agent

Q

Quadrat square
Qualität quality
Qualle jellyfish
Qualm smoke
Quarantäne quarantine
Quartal quarter
Quelle spring
quetschen to squeeze
quietschen to squeak
Quittung receipt

R

Rad wheel, bicycle
Radfahrer/in cyclist
Radio radio
Rahmen frame
Rang circle
Rasen grass, lawn
Rasierapparat safety razor
Rasiercreme shaving creme
rasieren to shave
Rasierklinge razor blade
Rasierpinsel shaving brush

Rat advice
raten to advise
Rathaus town hall
Rätsel puzzle
Ratte rat
rauchen to smoke
Raucher/in smoker
Raum room, space
reagieren to react
Reaktion reaction
rechnen to calculate
Rechnung bill *UK*/check *US*
Recht law
rechtfertigen to justify
rechtlich legal
rechts on the right
Rechtsanwalt/-anwältin lawyer
rechtzeitig punctual
Rede speech
reden to talk
reduzieren to reduce
Regel rule
Regen rain
Regenmantel raincoat
Regenschirm umbrella
Regenzeit the rains, rainy season
regieren to govern
Regierung government
Region region
regnen to rain
regnerisch rainy
reich rich
Reichtum wealth
Reichweite reach
Reifen tyre
Reihe row
Reihenfolge sequence, order
reinigen to clean
Reinigung cleaning
Reis rice
Reise journey, trip
Reisebüro travel agency
Reisebus coach
Reiseführer guide (book)
Reiseleiter/in guide
Reisepass passport
reißen to tear
Reißverschluss zip
reiten to ride
Reiter/in rider
Reiz appeal
Religion religion
Rentner/in pensioner
Reparatur repair
Reparaturwerkstatt workshop
reparieren to repair
reservieren to book *UK*/ to reserve *US*
Reservierung reservation
Respekt respect

Restaurant restaurant
retten to save, to rescue
Rezept prescription
Rezeption reception
riechen to smell
Rindfleisch beef
Ring ring
Risiko risk
Rock skirt
Roman novel
Rose rose
rot red
rücken to move
Rückfahrkarte return ticket
Rückseite rear
rudern to row
Ruf call
rufen to call
Rufnummer phone number
Ruhe quiet
ruhen to rest
Rundfahrt tour
rutschen to slide

S

Saal hall
Sache thing
Saft juice
sagen to say
Saison season
Salat salad
Salz salt
Samstag Saturday
Sand sand
Sarg coffin
sauber clean
saugen to suck
Sauna sauna
schaden to damage
Schaf sheep
schälen to peel
Schalter counter
Scheck cheque
Scheibe window pane
Schere scissors *pl*
schicken to send
schießen to shoot
Schirm screen, umbrella
schlafen to sleep
schlagen to hit
Schlange snake
Schlauchboot rubber dinghy
schlecht bad
schließen to close
Schließfach locker
Schlitten sledge
schlucken to swallow
Schlüssel key
schmecken to taste
Schmerz pain
Schmuck jewellery
schmutzig dirty

Schnee snow
schneiden to cut
schneien to snow
schnell fast
Schnupfen cold
Schokolade chocolate
schön pretty, beautiful
schottisch Scottish
Schottland Scotland
Schrank closet, wardrobe
Schraubenzieher screwdriver
schreien to yell, to scream
Schritt step
Schuh shoe
Schuld fault, guilt
Schule school
Schulter shoulder
Schüssel bowl
Schutz protection
schwanger pregnant
schwarz black
Schweinefleisch pork
Schweiz Switzerland
Schweizer Franken Swiss francs *pl*
Schwester sister
schwimmen to swim
Schwimmweste life jacket
See lake
seekrank seasick
Segelboot sailing boat
segeln to sail
sehen to see
Sehenswürdigkeit interesting sight
Seife soap
Sekt sparkling wine
Selbstverpflegung self-catering
Senf mustard
September September
Sex sex
Shorts shorts *pl*
sich begeistern für to be enthusiastic about
sich beschweren to complain
sich melden to report
sich verabschieden to say good-bye to
sich wohlfühlen to feel good
Sicherheitsgurt safety belt
sicher safe
Ski ski
SMS text (message)
Sohn son
Sommer summer
Sonne sun
Sonnenaufgang sunrise
Sonnenbrand sunburn
Sonnenbrille sunglasses *pl*
Sonnenuntergang sunset
Sonntag Sunday

Soße sauce
spät late
spazieren gehen to go for a walk
Speisekarte menu
Spiegel mirror
Spielzeug toy
Spinat spinach
Sport sport
Sprache language
sprechen to speak
Sprechstunde surgery hours *pl*
spüren to feel
Staatsangehörigkeit nationality
Stadt town, city
Stadtplan city map
Stadtzentrum town centre
starten to start
stattfinden to take place
Stau traffic jam
Steckdose socket
stehen to stand
stehlen to steal
Stein stone
Stern star
Strand beach
Straße street, road
Straßenkarte street map
Streichholz match
Stuhl chair
Stunde hour
Sturm storm
suchen to search
Süden south
Supermarkt supermarket
Suppe soup
Süßigkeiten sweets *pl*

T

Tabak tobacco
Tag day
Tal valley
Tampon tampon
Tankstelle filling station
Tante aunt
Tanz dance
Tasche bag
Taschenlampe torch
Taschenmesser penknife
Taschentuch handkerchief
Tasse cup
tauchen to dive
Tee tea
Teil share, part
Telefon telephone
Telefonbuch telephone book
telefonieren to (tele)phone
Teller plate
Temperatur temperature
Tennis tennis
Teppich carpet, rug
Termin appointment

teuer expensive
Theater theatre
Thermometer thermometer
tief low
Tier animal
Tisch table
Toast toast
Tochter daughter
Toilette toilet
Toilettenpapier toilet paper
Tor gate
töten to kill
Tourist/in tourist
Touristeninformation tourist information
tragen to carry, to wear
träumen to dream
Treppe staircase
trinken to drink
Trinkgeld tip
Trinkwasser drinking water
trocknen to dry
tropfen to drop
tun to do
Tunnel tunnel
Tür door
Turnschuhe gym shoes *pl*

U

U-Bahn underground *UK*/ subway *US*
Übelkeit nausea
Überfall attack
übergeben to hand over
Übergepäck excess luggage
Übernachtung overnight stay
Überraschung surprise
übersetzen to translate
Übersetzung translation
übertreiben to exaggerate
Überweisung transfer
überzeugen to convince
Übung practice
Ufer shore
Uhr clock, watch
umkehren to turn back
und and
Unfall accident
unhöflich impolite
Universität university
Unterhaltung conversation, entertainment
Unterkunft accomodation
Untersuchung examination
Urlaub holiday, vacation
die USA the USA

V

Vater father
verabreden to arrange
verabschieden to say good-bye to

Verbandszeug first-aid kit
verbinden to connect
Verbrechen crime
verbrennen to burn
vergessen to forget
Verkäufer/in seller
Verkehr traffic
verletzen to injure
verlieben to fall in love
verlieren to lose
Verlobte/r fiancé(e)
vermieten to let
vermissen to miss
Verpflegung catering
verschlafen to oversleep
Versicherung insurance
Verspätung haben to be late
verzeihen to forgive
Verzeihung pardon
verzollen to pay duty on
vielleicht maybe
Visum visa
Vollpension full board
Vorfahrt right of way
Vorname first name
Vorsicht care
Vorwahl area code
Vorverkauf advance booking

W

Waage scales *pl*
Wache guard
wachsen to grow
Wahl choice
wählen to choose
Wahrheit truth
Währung currency
Wald woods
Wand wall
warm warm
Warnung warning
warten to wait
Wartesaal waiting room
warum why
Waschbecken washbasin
Wäsche laundry
waschen to wash
Waschmaschine washing machine
Wasser water
WC toilet
wechseln to change
wecken to wake
Wecker alarm clock
Weg way
Wegweiser signpost
weh tun to hurt
weich soft
Weihnachten Christmas
weil because
Wein wine
weinen to cry

weit far
Welt world
Werkstatt garage
Westen west
Wind wind
Wirbelsäule spine
Wissen knowledge
Witz joke
W-LAN Wi-Fi
Woche week
Wochenende weekend
woher where from
wohnen to live
Wohnung flat *UK*/ apartment *US*
Wohnmobil motorhome
Wolle wool
wollen to want
Wolke cloud
Wort word
Wörterbuch dictionary
Wunde wound
wünschen to wish

Z

Zahl number
zahlen to pay
Zahn tooth
Zahnarzt dentist
Zahnbürste toothbrush
Zahnpasta toothpaste
Zahnprothese dentures *pl*
Zahnschmerzen toothache
Zange pliers *pl*
Zebrastreifen zebra crossing
Zehe toe
Zeichen sign
zeigen to show
Zeit time
Zeitschrift magazine
Zeitung newspaper
Zelt tent
Zentimeter centimetre
Zentrum centre
Zeuge/Zeugin witness
ziehen to pull
Zigarette cigarette
Zimmer room
Zitrone lemon
Zoll customs
Zollkontrole customs control
Zoo zoo
Zucker sugar
Zufall chance
Zug train
Zukunft future
Zunge tongue
Zuschauer/in spectator
zu viel too much
Zwiebel onion
zwischen between
Zwischenstecker adapter

A

to abolish abschaffen
to accelerate beschleunigen
accent Akzent
to accept akzeptieren, annehmen
accident Unfall
accommodation Unterkunft
to accompany begleiten
to acquire erarbeiten, erwerben
to act handeln
act Akt
action Aktion, Handlung
activate aktivieren
actor/actress Schauspieler/in
adapter Adapter
add addieren
admission Eintritt
adult Erwachsene/r
advice Rat
to advise beraten, raten
affair Angelegenheit
afternoon Nachmittag
age Alter
age group Jahrgang
agency Agentur
air Luft
air conditioning Klimaanlage
air mail Luftpost
air mattress Luftmatratze
airline Fluggesellschaft
airplane Flugzeug
airport Flughafen
alarm Alarm
alarm clock Wecker
alcohol Alkohol
allergy Allergie
allowed erlaubt
alternative Alternative
ambassador Botschafter
ambience Ambiente
ambulance Krankenwagen
America Amerika
American amerikanisch
amount Betrag, Summe
ample weit
analysis Analyse
and und
animal Tier
ankle Fußknöchel
anniversary Jahrestag
to announce ankündigen
announcement Ansage
anorak Anorak
answer Antwort
to answer (be)antworten
antibiotic Antibiotikum
antique antik
appeal Reiz
to appear erscheinen
appearance Anschein

appendix Blinddarm
appetite Appetit
apple Apfel
to apply for beantragen
appointment Termin
approach Anflug
apricot Aprikose
architect Architekt/in
architecture Architektur
area Gebiet
area code Vorwahl
arena Arena
argument Argument
arm Arm
to arrange ordnen, verabreden
arrangement Absprache
arrival Ankunft
to arrive ankommen
artichoke Artischoke
ashtray Aschenbecher
to ask bitten, fragen
to ask a question fragen
asparagus Spargel
aspirin Aspirin
asylum Asyl
Atlantic Ocean Atlantik
ATM card *US* EC-Karte
attack Überfall, Anfall
to attack angreifen
attacker Angreifer/in
attention Achtung
audience Publikum
August August
aunt Tante
authority Behörde
automobile club Automobilklub
autumn Herbst

B

baby Baby
bacteria *pl* Bakterien
bad schlecht
bad luck Pech
badge Plakette
bag Tasche
baggage storage *US* Gepäckaufbewahrung
baker Bäcker
bakery Bäckerei
balcony Balkon
ball Ball
banana Banane
bandage Binde
bank Bank
bank account Bankkonto
banknote Geldschein
to bargain (ver)handeln
bath Bad
to bathe baden
bathing cap Badekappe
bathrobe Bademantel

bathroom Badezimmer
battery Batterie
battery charger Ladegerät
bay Hafen
to be able to können
beach Strand
beach shoes *pl* Badeschuhe
beans *pl* Bohnen
beautiful schön
to be called heißen
bed Bett
bed and breakfast Pension
bedlinen Bettwäsche
beef Rindfleisch
beer Bier
to be enough genügen
to be enthusiastic about sich begeistern für
to begin anfangen, beginnen
beginner Anfänger/in
beginning Anfang
to be glad sich freuen
to behave sich benehmen
to be late Verspätung haben
belief Glaube
to believe glauben
belly Bauch
to belong to gehören
belt Gürtel
to be missing fehlen
to be sorry leidtun
to be worth sich lohnen
bible Bibel
bicycle Fahrrad
big groß
bill *UK* Rechnung
binoculars *pl* Fernglas
biro Kugelschreiber
birth Geburt
birthday Geburtstag
biscuit *UK* Keks, Plätzchen
to bite beißen
black schwarz
blackberry Brombeere
blanket Decke
to bleed bluten
blood Blut
blood pressure Blutdruck
blouse Bluse
blue blau
blueberry Blaubeere
boarding house Pension
boat Boot
boat trip Bootsfahrt
body Körper
bone Knochen
book Buch
to book buchen, reservieren
booking Buchung
boot Stiefel, *UK*: Kofferraum
border Grenze
boring langweilig

to borrow leihen, ausleihen
boss Chef/in
bottle Flasche
bottle opener Flaschenöffner
bowl Schüssel
boy Junge
bra BH
to brake bremsen
brakes *pl* Bremsen
bread Brot
break Pause, Ferien
to break off abbrechen
breakdown Panne
breakdown lorry Abschleppwagen
breakdown service Abschleppdienst
breakfast Frühstück
breath Atem
to breathe atmen
brewery Brauerei
to bring bringen
British britisch
brochure Prospekt
bronchitis Bronchitis
broken kaputt
brother Bruder
brush Bürste, Pinsel
bucket Eimer
to buckle anschnallen
to build bauen
building Gebäude
building site Baustelle
bungalow Bungalow
burglar Einbrecher/in
to burn brennen, verbrennen
bus Bus, Omnibus
business Geschäft
business trip Geschäftsreise
bus stop Bushaltestelle
butcher Metzger
butter Butter
button Knopf
to buy kaufen

C

cabin Kabine
café Café
cake Kuchen
to calculate rechnen
calculation Berechnung
calendar Kalender
call Anruf, Aufruf, Ruf
to call (an)rufen, aufrufen, nennen
camera Fotoapparat
camping Camping
camping car Campingwagen
camping pass Campingausweis
campsite Campingplatz
can Kanne
to cancel abmelden, absagen

cancellation Abmeldung, Absage
candle Kerze
capital (city) Hauptstadt
car Auto
car key Autoschlüssel
card Karte
care Pflege, Vorsicht
career Karriere
to care for sorgen für
carpet Teppich
carrot Karotte
to carry tragen
case Koffer
cash Bargeld
cash card *UK* EC-Karte
to cash up abrechnen
castle Burg
catalogue Katalog
to catch fangen
catering Verpflegung
cauliflower Blumenkohl
cave Höhle
to celebrate feiern
celebration Feier
cellar Keller
cell phone *US* Handy
cemetery Friedhof
centimetre Zentimeter
century Jahrhundert
cereals *pl* Getreideflocken
certificate Attest
chain Kette
chair Stuhl
challenge Herausforderung
chance Chance, Zufall
change Kleingeld
to change ändern, wechseln
channel Kanal
chaos Chaos
chapel Kappelle
character Charakter
charge Gebühr
charm Charme
to charter chartern
charter plane Chartermaschine
cheap billig
check Kontrolle, *US*: Rechnung
check-in Einchecken, Rezeption
to check in einchecken, sich anmelden
cheese Käse
chemist's Apotheke, Drogerie
chemistry Chemie
cheque Scheck
cherry Kirsche
chest Brust
chicory Chicoree
child Kind
chin Kinn
chips *pl UK* Pommes frites
chocolate Schokolade

choice Wahl
choir Chor
to choose wählen
Christ Christus
Christian Christ/in, christlich
Christmas Weihnachten
church Kirche
cigarette Zigarette
cinema Kino
circle Kreis
city Stadt
city map Stadtplan
to claim behaupten
class Klasse
clean sauber
to clean putzen, reinigen
cleaning Reinigung
cleaning agent Putzmittel
climate Klima
clinic Klinik
cloakroom Garderobe
clock Uhr
to close schließen
closed geschlossen
closet Schrank
club Klub
coach Reisebus
coast Küste
coat Mantel
coat hanger Kleiderbügel
cock *UK* Hahn
cocoa Kakao
coffee Kaffee
coffee pot Kaffeekanne
coin Münze
cold kalt
cold Schnupfen
collision Auffahrunfall
colour Farbe
to come kommen
to come into being entstehen
commerce Handel
community Gemeinschaft
companion Begleiter/in
compartment Fach
compass Kompass
to complain sich beschweren
complaint Beanstandung
computer Computer
to concern betreffen
concert Konzert
condition Bedingung
condom Kondom
to congratulate gratulieren
congratulations Glückwunsch
to connect verbinden
connection Anschluss, Verbindung
conscience Gewissen
conservation Naturschutz
construction Bau, Anlage

construction work Bauarbeiten
contact lenses *pl* Kontaktlinsen
content Inhalt
to continue weitermachen, fortfahren
contrast Gegensatz
to contribute beitragen
contribution Beitrag
conversation Gespräch
to convince überzeugen
cook Koch/Köchin
to cook kochen
copy Kopie
corkscrew Korkenzieher
corner Ecke
to correspond to entsprechen
cost Kosten
cot *UK* Kinderbett
cotton Baumwolle
counter Schalter
country Land
courage Mut
course Kurs
cousin Cousin/e
to cover zudecken
crash Absturz, Krach, Zusammenstoß
to crash into auffahren
credit card Kreditkarte
crime Verbrechen
crossing Zebrastreifen
cruise Kreuzfahrt
to cry weinen
cucumber Gurke
cultivation Anbau
cup Tasse
curiosity Neugier
customs Zoll
customs control Zollkontrolle
to cut schneiden
to cut off abschneiden
cutlery Besteck
cycle Kreislauf
cyclist Radfahrer/in

D

damage Schaden
to damage beschädigen
to dance tanzen
danger Gefahr
dark dunkel
date Datum
dates *pl* Datteln
daughter Tochter
dear lieb, Liebling
debate Debatte
decade Jahrzehnt
decaffeinated koffeinfrei
December Dezember
to decide beschließen, entscheiden

decision Entscheidung
deckchair Liegestuhl
to decline ablehnen
demand Anforderung, Nachfrage
to demand fordern
democracy Demokratie
dentures *pl* Zahnprothese
deodorant Deodorant
departure Abreise, Abfahrt, Ausreise
deposit Anzahlung
to deposit hinterlegen
descent Abstieg
to describe beschreiben
description Beschreibung
desire Lust
development Entwicklung
diabetic Diabetiker/in
diagnosis Diagnose
diarrhoea Durchfall
dictionary Wörterbuch
diesel Diesel
diet Diät
dietary food Diätkost
difference Abweichung, Differenz
dinner Abendessen
diplomat Diplomat/in
dipped headlights *pl UK* Abblendlicht
direct direkt
dirt Dreck
dirty schmutzig
disabled behindert
disadvantage Nachteil
disco Diskothek
discourtesy Unhöflichkeit
to discuss diskutieren
discussion Diskussion
dish Gericht
dishes *pl* Geschirr
disinfectant Desinfektionsmittel
to dissolve auflösen
distance Abstand, Ferne
district Bezirk
to dive tauchen
diving equipment Taucherausrüstung
to do machen, tun
doctor Arzt/Ärztin
dog Hund
door Tür
dose Dosis
double room Doppelzimmer
dozen Dutzend
drama Drama
to dream träumen
dress Kleid
dressing material Verbandszeug

drink Getränk
to drink trinken
drinking water Trinkwasser
to drive fahren
driver Fahrer/in
driver's license *US* Führerschein
driving licence *UK* Führerschein
to drop tropfen, fallen lassen
drunk betrunken
dry trocken
duck Ente
duration Dauer
dustbin Mülltonne
duty Pflicht
duvet Bettdecke

E

ear Ohr
earring Ohrring
early früh
earth Erde
earthquake Erdbeben
east Osten
Easter Ostern
to eat essen
education Bildung
eel Aal
egg Ei
elbow Ellbogen
electrician Elektriker
electronics Elektronik
elevator *US* Aufzug
embassy Botschaft
emergency Notfall
emergency brake Notbremse
emergency exit Notausgang
emotion Emotion
employee Angestellter/in, Arbeitnehmer/in
employer Arbeitgeber/in
end Ende
to end enden
energy Energie
engine Motor
engine trouble Motorschaden
England England
English englisch
to enjoy genießen
to entertain unterhalten
entertainment Unterhaltung
entrance Auftritt, Eingang
entry Einreise, Eintrag, Eintritt
entry visa Einreisevisum
envelope Briefumschlag
to erect errichten
error Irrtum
euro Euro
Europe Europa
evening Abend
everyday life Alltag
to exaggerate übertreiben
examination Untersuchung

example Beispiel
excess luggage Übergepäck
excitement Aufregung
excursion Ausflug
to excuse entschuldigen
exhaust Auspuff
exhibition Ausstellung
existence Existenz
exit Ausgang, Ausfahrt
to expect erwarten
expectation Erwartung
expense Aufwand
expensive teuer
to experience erfahren, erleben
experiment Experiment
expert Experte/Expertin
to expire ablaufen
explosion Explosion
export duty Ausfuhrzoll
express letter Eilbrief
extras *pl* Nebenkosten
eye Auge
eye specialist Augenarzt

F

face Gesicht
factory Fabrik
fall Fall
to fall fallen
to fall asleep einschlafen
to fall in love verlieben
family Familie
famous berühmt
far weit
farewell Abschied
farmer Bauer
fast schnell
fat fett
father Vater
fear Angst
feature Eigenschaft
February Februar
fee Gebühr, Preis
to feel fühlen, spüren
to feel good sich wohlfühlen
ferry Fähre
festival Festival
fever Fieber
fiancé(e) Verlobte/r
field Feld
fig Feige
fight Kampf
figure Figur, Ziffer
file Feile
to fill in ausfüllen
filling Plombe
filling station Tankstelle
film Film
final examination Abitur
finances *pl* Finanzen
to find finden
finger Finger

fire Brand, Feuer
fire brigade Feuerwehr
fire extinguisher Feuerlöscher
fireplace Kamin
firm Firma, fest
first aid erste Hilfe
first-aid kit Erste-Hilfe-Tasche
first name Vorname
fish Fisch
to fit passen
flag Flagge
to flash blitzen
flat *UK* Apartment
flight Flug
flight timetable Flugplan
floor Etage
to flow fließen
flower Blume
fly Fliege
to fly fliegen
fog Nebel
to follow folgen
food Essen, Nahrungsmittel
food shop Lebensmittelgeschäft
foot Fuß
football *UK* Fußball
foreign countries *pl* Ausland
to forget vergessen
to forgive verzeihen
fork Gabel
form Gestalt, Form
forward vorwärts
fountain Brunnen
frame Fassung, Rahmen
fraud Betrug
free frei
freedom Freiheit
free time Freizeit
to freeze frieren
French fries *pl UK* Pommes frites
fridge Kühlschrank
friend Freund/in
friendship Freundschaft
front door Haustür
frost Frost
fruit Obst
fruit juice Fruchtsaft, Obstsaft
fruit stand Obststand
full board *UK* Vollpension
funny lustig
furniture Einrichtung, Möbel
future Zukunft

G

garage Garage
garden Garten
garlic Knoblauch
gas Gas, *US:* Benzin
gate Tor
gentleman Herr
German deutsch

Germany Deutschland
gesture Geste
to get bekommen, erhalten, holen
to get off aussteigen
to get on einsteigen
gift Geschenk
girl Mädchen
to give geben
glass Glas
glasses *pl* Brille
glasses case Brillenetui
globe Globus
glove Handschuh
to go gehen
to go for a walk spazieren gehen
to go in eintreten
to go out ausgehen, hinausgehen
God Gott
golf Golf
good gut
goose Gans
to govern regieren
government Regierung
to grab greifen
gram Gramm
granddaughter Enkelin
grandfather Großvater
grandmother Großmutter
grandson Enkel
grapefruit Grapefruit
grasp Griff
grass Gras, Rasen
Great Britain Großbritannien
green grün
to greet grüßen
greeting Gruß
groceries *pl* Lebensmittel
ground floor Erdgeschoss
group Gruppe
to grow wachsen
guarantee Garantie
to guarantee garantieren
guard Wache
to guard bewachen
guest Gast
guide Reiseführer, Reiseleiter/in
guilt Schuld
gym shoe Turnschuh
gynaecologist Frauenarzt

H

hail Hagel
hair Haare
hairbrush Haarbürste
hair clip Haarklemme
hair colour Haarfarbe
hairdresser Friseur
hairdryer Fön
half Hälfte
half board *UK* Halbpension

hall Gang, Saal
hammer Hammer
hammock Hängematte
hand Hand
handbag Handtasche
hand brake Handbremse
handkerchief Taschentuch
handling Handhabung, Umgang
hand luggage Handgepäck
to hand over abgeben, übergeben
to happen geschehen
hard hart
hat Hut
to have haben
to have breakfast frühstücken
to have to müssen
hazelnut Haselnuss
head Kopf
headache Kopfschmerzen
health Gesundheit
heap Haufen
to hear hören
heart Herz
heat Hitze
heating Heizung
heel Ferse
height Höhe
helicopter Hubschrauber
hello hallo
help Hilfe
to help helfen
helper Helfer/in
herbs *pl* Kräuter
hero Held
high tide Flut
hint Hinweis
history Geschichte
to hit schlagen
to hold halten
holiday Feiertag
holidays Ferien
home Heim, Heimat, Inland
home town Heimatstadt
honey Honig
honour Ehre
to hope hoffen
hopefully hoffentlich
horn Hupe
horse Pferd
hospital Krankenhaus
host/hostess Gastgeber/in
hotel Hotel
house Haus
house key Hausschlüssel
house number Hausnummer
housewife Hausfrau
human being Mensch
humour Humor
hungry hungrig
hunt Jagd

to hurt wehtun
husband Ehemann

I

ice cream Eis
ice-cream parlour Eisdiele
idea Ahnung, Idee
to identify identifizieren
identity card Ausweis
illness Krankheit
illusion Illusion
impressed beeindruckt
indicator *UK* Blinker
indoor pool Hallenbad
inflammation Entzündung
to inform benachrichtigen, informieren
information Auskunft, Information
information desk Informationsschalter
injection Injektion
injured verletzt
inquiry Anfrage
insect repellent Insektenmittel
insects *pl* Insekten
inside cabin Innenkabine
insurance Versicherung
to insure versichern
intention Absicht
interest Interesse
interesting sight Sehenswürdigkeit
intermission *US* Pause
internist Internist
interpreter Dolmetscher/in
intersection *US* Kreuzung
interval *UK* Pause
interview Interview
intestines *pl* Darm
invention Erfindung
invitation Einladung
to invite einladen
iodine Jod
Ireland Irland
Irish irisch
to iron bügeln
island Insel

J

jacket Jacke, Jackett
jam Marmelade
January Januar
jealous eifersüchtig
jellyfish Qualle
jeweller Juwelier
job Beruf
joint Gelenk
joke Witz
journalist Journalist/in
to judge beurteilen
juice Saft

July Juli
junction *UK* Kreuzung
June Juni
to justify rechtfertigen

K

to keep (auf)bewahren, behalten
key Schlüssel
kidney Niere
to kill töten
kilogram Kilo
kilometre Kilometer
kiss Kuss
to kiss küssen
kitchen Küche
kitchen roll Küchenrolle
knee Knie
knife Messer
to knock klopfen
knot Knoten
to know kennen, wissen
knowledge Kenntnisse, Wissen
knuckle Fingerknöchel

L

labour market Arbeitsmarkt
ladies' toilet Damentoilette
lady Dame
lake See
lamb Lamm
landscape Landschaft
language Sprache
to last dauern
late spät
to laugh lachen
laundry Wäsche
law Gesetz, Recht
lawyer Anwalt/Anwältin
laxative Abführmittel
to lead führen
leather Leder
to leave abfahren, (ver)lassen
to leave behind hinterlassen
left links
left-luggage office Gepäckaufbewahrung
leg Bein
legal rechtlich
lemon Zitrone
lending fee Leihgebühr
letter Brief, Buchstabe
lettuce Kopfsalat
level Niveau
library Bibliothek
to lie liegen, lügen
life Leben
life jacket Schwimmweste
lift *UK* Aufzug
light hell, Licht
light bulb Glühbirne
lighter Feuerzeug

lightning Blitz
light switch Lichtschalter
to like mögen
limit Grenze
lip Lippe
litre Liter
to live leben, wohnen
to load laden
lobby Hotelhalle
lobster Hummer
local call Ortsgespräch
local traffic Nahverkehr
to lock up abschließen
locker Schließfach
locomotive Lokomotive
loneliness Einsamkeit
long lang
long-distance call Ferngespräch
look Blick
to look blicken
to look at anschauen, ansehen
to look sth. up etw. nachschlagen
to lose verlieren
loss Verlust
lost property office Fundbüro
loud laut
love Liebe
luck Glück
luggage Gepäck
lunch Mittagessen
lung Lunge

M

magazine Zeitschrift
mail *US* Post
mailbox *US* Briefkasten
main street Hauptstraße
main thing Hauptsache
main train station Hauptbahnhof
to make note of notieren
to make up for nachholen
man Mann
mandarin Mandarine
to manufacture herstellen
map Landkarte
March März
margarine Margarine
marital status Familienstand
market Markt
married couple Ehepaar
to marry heiraten
match Streichholz, Spiel
material Material
May Mai
maybe vielleicht
to mean meinen
meat Fleisch
medicinal spring Heilquelle

medicine Arzneimittel, Medikamente
to meet begegnen, treffen
melon Melone
member Mitglied
men's toilet Herrentoilette
to mend flicken
menstruation Menstruation
to mention erwähnen
menu Speisekarte, Menü
metre Meter
middle Mitte
midwife Hebamme
mile Meile
milk Milch
millennium Jahrtausend
minister Pfarrer/in
minute Minute
mirror Spiegel
to miss vermissen, verpassen
mistake Fehler
to misunderstand missverstehen
to mix mischen
mobile phone *UK* Handy
moment Augenblick
money Geld
money belt Geldgürtel
month Monat
monument Denkmal
moon Mond
morning Morgen
mosquito Mücke
mother Mutter
mother tongue Muttersprache
motorail train Autoreisezug
motorboat Motorboot
motorcar Pkw, Kraftfahrzeug
motorcycle Motorrad
motorway Autobahn
mountain Berg
mountaineering Bergsteigen
mountains *pl* Gebirge
mouth Mund
move Bewegung
to move bewegen
museum Museum
mushroom Pilz
music Musik
musical Musical
musician Musiker/in
mustard Senf

N

nail Nagel
name Name
nation Nation
national park Nationalpark
nationality Staatsangehörigkeit
nature Natur
nature reserve Naturschutzgebiet

nausea Übelkeit
near nah
to need brauchen
needle Nadel
neighbour Nachbar/in
neighbourhood Nachbarschaft
nephew Neffe
nerve Nerv
net Netz
new neu
news *pl* Nachricht
newspaper Zeitung
niece Nichte
night Nacht
night club Nachtklub
night duty Nachtdienst
nightmare Alptraum
no nein
non-smoker Nichtraucher/in
no parking Parkverbot
no stopping Halteverbot
north Norden
nose Nase
notice Anzeige
to notice bemerken
novel Roman
November November
number Nummer, Zahl
number plate Nummernschild
nurse Krankenschwester
nut Nuss

O

to observe beachten
October Oktober
offer Angebot
to offer bieten, anbieten
office Amt, Büro
official Beamter/Beamtin
oil Öl
old alt
old town Altstadt
olive Olive
olive oil Olivenöl
on the right rechts
one-way street Einbahnstraße
onion Zwiebel
open offen, geöffnet
open-air swimming pool Freibad
opening hours *pl* Öffnungszeiten
opera Oper
to operate operieren, funktionieren
operation Eingriff, Operation
opinion Ansicht, Meinung
opponent Gegner/in
opportunity Gelegenheit
opposite Gegenteil
optician Optiker
orange Apfelsine, Orange
orchestra Orchester

order Befehl, Bestellung, Ordnung
to order bestellen, ordnen
organ Organ
organization Organisation
to organize organisieren
orientation Orientierung
original Original
to oversleep verschlafen
overnight stay Übernachtung
owner Besitzer/in, Inhaber/in
oysters *pl* Austern

P

to pack packen
package Packung
package tour Pauschalreise
paediatrician Kinderarzt
pain Schmerz
painter Maler/in
pair Paar
panic Panik
pants *pl US* Hosen
paper Papier
papers *pl* Papiere
paprika Paprika
paradise Paradies
parcel Paket
pardon (me) Entschuldigung, Verzeihung
parents *pl* Eltern
park Park
to park parken
parking fee Parkgebühr
parking space Parkplatz
parking ticket Parkschein
particulars *pl* Personalien
partner Partner/in
party Party, Fest
pass(port) Pass
passage Durchfahrt, Durchgang
passenger Passagier/in
passers-by *pl* Passanten
passport Reisepass
passport control Passkontrolle
pasta Nudeln
patience Geduld
patient Patient/in
pavement *UK* Bürgersteig
to pay bezahlen, zahlen
to pay duty on verzollen
to pay in einzahlen
to pay out auszahlen
payment Bezahlung
peace Frieden
peach Pfirsich
peanut Erdnuss
pear Birne
pedal boat Tretboot
pedestrian Fußgänger/in

pedestrian crossing Fußgängerübergang
to peel schälen
pencil Bleistift
penknife Taschenmesser
pensioner Rentner/in
people *pl* Leute
pepper Pfeffer, Paprika
per cent Prozent
to perform aufführen, vorführen
performance Aufführung
perfumery Parfümerie
period Abschnitt, Zeitspanne
permission Genehmigung
person Person
petrol *UK* Benzin
petrol can Benzinkanister
pharmacy Apotheke
photo Foto
to photograph fotografieren
pianist Pianist/in
to pick up abholen, aufheben
picnic Picknick
picture Abbildung, Bild
pill Pille
pillow Kopfkissen
pilot Pilot/in
pineapple Ananas
place Ort, Platz
to place setzen, stellen
place of birth Geburtsort
planet Planet
plant Pflanze
plaster Pflaster
plastic bag Plastikbeutel
plate Teller
platform Bahnsteig, Plattform
please bitte
pliers *pl* Zange
plum Pflaume
poem Gedicht, Poesie
poet Dichter/in
point Punkt
poison Gift
police Polizei
police car Polizeiwagen
police officer Polizist/in
police station Polizeirevier
politician Politiker/in
pool attendant Bademeister/in
poor arm
pork Schweinefleisch
port Hafen, Backbord
porter Gepäckträger, Portier
portion Portion
position Position
possibility Möglichkeit
post *UK* Post
to post aufgeben
postage Porto
postbox *UK* Briefkasten

postcard Ansichtskarte, Postkarte
poster Plakat
postman Briefträger
post office Postamt
potato Kartoffel
poultry Geflügel
pound Pfund
pound sterling britisches Pfund
to pour gießen
poverty Armut
power Kraft, Herrschaft
practice Praxis, Übung
to practise üben
pregnant schwanger
to prepare vorbereiten, anrichten
prescription Rezept
present Gegenwart, Geschenk
press Presse
price Preis
price increase Preiserhöhung
price reduction Preisermäßigung
principle Prinzip
private privat
private beach Privatstrand
problem Problem
to produce erzeugen
product Produkt
professor Professor/in
profit Gewinn
prognosis Prognose
programme Programm
project Projekt
to pronounce aussprechen
proof Beweis
to prove beweisen
prosthetic Prothese
to protect (be)schützen
protection Schutz
protest Protest
pub Kneipe
public öffentlich
to pull ziehen
punctual rechtzeitig, pünktlich
purple lila
to pursue verfolgen
to push drücken
to put legen, stellen
to put on anlegen, anziehen
puzzle Rätsel

Q

quality Qualität
quarantine Quarantäne
quarter Viertel, Quartal
queen Königin
question Frage
quiet Ruhe, leise

R

radio Funk, Radio
railway Bahn, Eisenbahn
railway station Bahnhof
rain Regen
to rain regnen
raincoat Regenmantel
rainy regnerisch
raspberry Himbeere
razor blade Rasierklinge
to reach erreichen
to react reagieren
reaction Reaktion
to realize erkennen, begreifen
rear Rückseite
reason Grund, Vernunft
receipt Quittung
receiver Empfänger
reception Rezeption, Empfang
rechargeable battery Akku
to recognize erkennen
to recommend empfehlen
record Protokoll
red rot
redcurrant Johannisbeere
to reduce reduzieren
reduction Ermäßigung
to refuse ablehnen
region Gegend, Region
to regret bedauern
relationship Beziehung, Verhältnis
relaxation Entspannung
religion Religion
remark Bemerkung
to remember sich erinnern
to remind sb. jmd. erinnern an
to remove entfernen
rent Miete
to rent mieten, vermieten
repair Reparatur
to repair reparieren
report Bericht
to report melden, berichten
to represent darstellen
request Anliegen
to request bitten um
rescue Rettung
research Forschung
reservation Anmeldung, Reservierung
to reserve reservieren
resident Anwohner/in, Bewohner/in
respect Respekt
to rest (aus)ruhen
restaurant Restaurant
result Ergebnis
retail trade Einzelhandel
return ticket Rückfahrkarte

reward Belohnung
ribcage Brustkorb
rice Reis
rich reich
to ride reiten
right rechts, richtig
right of way Vorfahrt
ring Ring
risk Risiko
river Fluss
road Straße
roadway Fahrbahn
roast Braten
rock Fels
roll Brötchen
roof Dach
room Zimmer
rooster *US* Hahn
rose Rose
roundabout *UK* Kreisverkehr
route Fahrtroute
row Reihe
rowing Rudern
rubber dinghy Schlauchboot
rubbish Abfall, Müll
rubbish bin Mülleimer
rug Teppich
rule Gebot, Regel
ruler Herrscher/in
to run laufen

S

safety belt Sicherheitsgurt
safety device Sicherung
safety razor Rasierapparat
to sail segeln
sailing boat Segelboot
sailing lessons *pl* Segelstunden
salad Salat
salt Salz
sample Probe
sand Sand
sanitary towel Damenbinde
satnav Navi
sauce Soße
sauna Sauna
to save einsparen, retten
to say sagen
to say good-bye to sich verabschieden von
scales *pl* Waage
school Schule
scissors *pl* Schere
score Resultat
Scotland Schottland
Scottish schottisch
screwdriver Schraubenzieher
sculpture Plastik
sea Meer
sea view Meerblick
seaport Hafenstadt
to search suchen

seasickness Seekrankheit
season Jahreszeit, Saison
seasonal supplement Saisonzuschlag
secondary school Gymnasium
secret Geheimnis
security Absicherung
sedative Beruhigungsmittel
to see sehen
to seize ergreifen
self-defence Notwehr
self-catering Selbstversorgung
to send (ab)schicken
sender Absender
September September
sequence Reihenfolge
to serve bedienen
service Gottesdienst, Bedienung
setting lotion Haarfestiger
to sew on annähen
sex Geschlecht, Sex
shampoo Haarshampoo
to shape gestalten
to shave rasieren
shaving brush Rasierpinsel
shaving creme Rasiercreme
sheep Schaf
sheet Blatt
ship Schiff
shoe Schuh
shoemaker Schuhmacher
to shoot schießen
shop Laden
to shop einkaufen
shopping centre Einkaufszentrum
shore Ufer
short kurz
shorts *pl* Shorts
shoulder Schulter
to show zeigen
shower Dusche
shrimp Garnele
side effect Nebenwirkung
sign Anzeichen, Zeichen
signpost Wegweiser
simple einfach
single room Einzelzimmer
sister Schwester
size Größe
ski Ski
skin Haut
skirt Rock
sky Himmel
sledge Schlitten
to sleep schlafen
sleeve Ärmel
to slide rutschen
slope Hang, Neigung
small klein
to smell riechen

smile Lächeln
smoke Qualm, Rauch
smoker Raucher/in
snake Schlange
snow Schnee
to snow schneien
soap Seife
soccer *US* Fußball
socket Steckdose
soft weich
son Sohn
song Lied
sort Art, Sorte
soup Suppe
south Süden
souvenir Andenken
space Raum
spare part Ersatzteil
sparkling wine Sekt
to speak sprechen
to speak to sprechen mit
specialist Facharzt
spectator Zuschauer/in
speech Rede
speed Geschwindigkeit
to spell buchstabieren
spice Gewürz
spinach Spinat
spine Wirbelsäule
spoon Löffel
sport Sport
spring Frühling, Quelle
square Quadrat
to squeak quietschen
to squeeze quetschen
staff Personal
stage Bühne
stain Fleck
staircase Treppe
stamp Briefmarke
to stamp frankieren, freimachen
to stand stehen
star Stern
start Start
to start anfangen, starten
starter Anlasser
starting point Ausgangspunkt
to state angeben
statement Angabe, Aussage
stay Aufenthalt
to stay bleiben
to steal stehlen
steamer Dampfer
steering wheel Lenkrad
step Schritt
stomach Magen
stone Stein
stop Haltestelle
to stop anhalten, aufhören
storm Sturm
stove Herd
stranger Fremde/r

strawberry Erdbeere
stream Bach
street Straße
street map Straßenkarte
to stress betonen
string Bindfaden, Leine
stupid dumm
subway *US* U-Bahn
success Erfolg
to suck saugen
sugar Zucker
suit Anzug
sum Betrag
to sum up zusammenfassen
summer Sommer
sun Sonne
sunburn Sonnenbrand
sundae Eisbecher
Sunday Sonntag
sunglasses *pl* Sonnenbrille
sunny sonnig
sunrise Sonnenaufgang
sunscreen Sonnenschutzmittel
sunset Sonnenuntergang
suntan oil Sonnenöl
supermarket Supermarkt
supervision Aufsicht
surgeon Chirurg/in
surname Familienname, Nachname
surprise Überraschung
Saturday Samstag
suitcase Koffer
to swallow schlucken
sweater Pullover
(sweet)corn Mais
sweets *pl* Bonbons, Süßigkeiten
to swim schwimmen
swimming trunks *pl* Badehose
swimsuit Badeanzug
Swiss francs *pl* Schweizer Franken
to switch off abschalten, abstellen
to switch on einschalten
Switzerland Schweiz
sympathy Anteilnahme

T

tabacco Tabak
table Tisch
to take nehmen, einnehmen
to take off ausziehen, starten
to take part mitmachen
to take place stattfinden
take-off Abflug
to talk reden
tampon Tampon
to taste schmecken
tea Tee
teacher Lehrer/in

teapot Teekanne
to tear reißen
to tear off abreißen
telephone Telefon
to (tele)phone telefonieren
telephone book Telefonbuch
telephone number Rufnummer
television Fernseher
temperature Temperatur
tennis Tennis
terminus Endstation
to test prüfen, testen
text (message) SMS
to thank danken
thank you danke
theatre Theater
thermometer Thermometer
thin dünn
thing Ding, Sache
thirsty durstig
threat Drohung, Bedrohung
to threaten drohen
thumb Daumen
thunder Donner
thunderstorm Gewitter
Thursday Donnerstag
ticket Karte, Fahrkarte
tie Krawatte
till Kasse
time Zeit
timetable Plan, Fahrplan
tin foil Alufolie
tin opener Büchsenöffner
tip Trinkgeld
tissue Papiertaschentuch
toast Toast
toe Zehe
toilet Toilette
toilet paper Toilettenpapier
tongue Zunge
tonsillitis Mandelentzündung
tooth Zahn
toothache Zahnschmerzen
toothbrush Zahnbürste
toothpaste Zahnpasta
torch Taschenlampe
to touch berühren
tour Rundfahrt
tourist Tourist/in
tourist guide Fremdenführer/in, Reiseführer/in
tourist information Touristeninformation
to tow abschleppen
towel Handtuch
town centre Innenstadt, Stadtzentrum
town hall Rathaus
toy Spielzeug
track Gleis
traffic Verkehr
traffic jam Stau

traffic lights *pl* Ampel
train Zug
training Ausbildung
transfer Überweisung
to translate übersetzen
translation Übersetzung
travel Reise
travel agency Reisebüro
to treat behandeln
tree Baum
trial Prozess, Verhandlung
trip Fahrt, Ausflug
trouble Mühe
trousers *pl UK* Hose
trunk *US* Kofferraum
truth Wahrheit
to try on anprobieren
tunnel Tunnel
turkey Pute
to turn drehen
to turn (off) abbiegen
turn of the century Jahrhundertwende
tyre Reifen

U

ugly hässlich
umbrella Regenschirm
uncle Onkel
underground *UK* U-Bahn
unit Einheit
university Universität
the USA die USA
use Gebrauch, Nutzen
to use anwenden, benutzen

V

vacation *US* Urlaub
to vaccinate impfen
vaccination Impfung
vaccination card Impfpass
valley Tal
vase Vase
veal Kalbfleisch
vegetables *pl* Gemüse
vehicle Fahrzeug
victim Opfer
view Anblick, Aussicht
village Dorf
vinegar Essig
violence Gewalt
visa Visum
visit Besuch, Besichtigung
to visit besuchen, besichtigen
visitor Besucher/in
visting hours *pl* Besuchszeit
vote Abstimmung
to vote abstimmen

W

to wait (for) warten (auf)
waiter/waitress Kellner/in

waiting room Wartesaal
to wake wecken
wall Wand
to want wollen
warm warm
warning Warnung
washbasin Waschbecken
watch Armbanduhr
to watch beobachten
water Wasser
way Weg
wealth Reichtum
to wear anhaben
wedding Hochzeit
Wednesday Mittwoch
week Woche
weekend Wochenende
weight Gewicht
west Westen
wheel Rad
Whitsun Pfingsten
wife Ehefrau
Wi-Fi W-LAN
to win siegen
wind Wind
window Fenster
wine Wein
wire Draht
wish Wunsch
to wish wünschen
with mit
to withdraw abheben
white weiß
without ohne
witness Zeuge/Zeugin
woman Frau
wood Holz
wool Wolle
word Wort
to work arbeiten, funktionieren
workshop Reparaturwerkstatt
wound Wunde
to write down aufschreiben

Y

yacht Jacht
yard Hof
year Jahr
to yell schreien
yellow gelb
yes ja
young jung
youth Jugend
youth hostel Jugendherberge

Z

zip Reißverschluss
zoo Zoo

gears *pl*
[gɪəz]

handlebar
[ˈhændlbɑː]

brake
[breɪk]

saddle
[ˈsædl]

bell
[bel]

headlight
[ˈhedlaɪt]

frame
[freɪm]

carrier
[ˈkærɪə]

valve
[vælv]

rear light
[ˈrɪə laɪt]

tyre
[ˈtaɪə]

pedal
[ˈpedl]

spoke
[spəʊk]

wheel
[wiːl]

(bicycle) chain
[(ˈbaɪsɪkl) tʃeɪn]

mudguard *UK*/**fender** *US*
[ˈmʌdgɑːd/ˈfendər]

stand
[stænd]

pineapple
['paɪnæpl]

water melon
['wɔːtə melən]

grapes *pl*
[greɪps]

fig
[fɪg]

apricot
['eɪprɪkɒt]

banana
[bə'nɑːnə]

cherries *pl*
['tʃerɪz]

nuts *pl*
[nʌts]

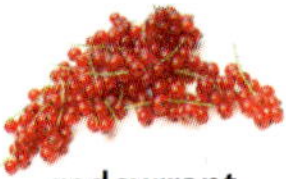

redcurrant
['redkʌrənt]

honeydew melon
['hʌnɪdjuː melən]

apple
[æpl]

lemon
['lemən]

kiwi
[ˈkiːwiː]

strawberries *pl*
[ˈstrɔːbərɪz]

raspberry
[ˈrɑːzbərɪ]

plum
[plʌm]

pear
[peə]

mango
[ˈmæŋgəʊ]

pomegranate
[ˈpɒmɪgrænɪt]

orange
[ˈɒrɪndʒ]

passion fruit
[ˈpæʃn fruːt]

mandarin
[ˈmændərɪn]

blackerries *pl*
[ˈblækbərɪz]

peach
[piːtʃ]

Vegetables

tomato
[təˈmɑːtəʊ]

artichoke
[ˈɑːtɪtʃəʊk]

potatoes *pl*
[pəˈteɪtəʊz]

beans *pl*
[biːnz]

yellow/red pepper
[ˈjeləʊ/ˈred pepə]

carrot
[ˈkærət]

aubergine *UK*/**eggplant** *US*
[ˈəʊbəʒiːn/ˈegplænt]

courgette *UK*/**zucchini** *US*
[kɔːˈʒet/zəˈkiːnɪ]

pumpkin
[ˈpʌmpkɪn]

cucumber
[ˈkjuːkʌmbə]

radishes *pl*
[ˈrædɪʃɪz]

salad
[ˈsæləd]

onion
[ˈʌnjən]

asparagus
[əˈspærəgəs]

kohlrabi
[kəʊlˈrɑːbɪ]

celery
[ˈselərɪ]

broccoli
[ˈbrɒkəlɪ]

(sweet)corn
[(ˈswiːt)kɔːn]

peas *pl*
[piːz]

mushroom
[ˈmʌʃrʊm]

roll
[rəʊl]

bread
[bred]

butter
[ˈbʌtə]

egg
[eg]

oil
[ɔɪl]

vinegar
[ˈvɪnəgə]

salt
[sɔːlt]

pepper
[ˈpepə]

pasta
[ˈpæstə]

yogurt
[ˈjɒgət]

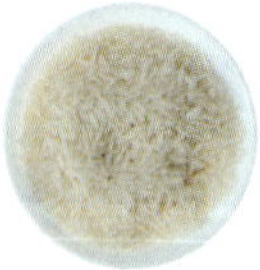

rice
[raɪs]

cheese
[tʃiːz]

cold cuts *pl*
[kəʊld ˈkʌts]

honey
[ˈhʌnɪ]

jam
[dʒæm]

flour
[flaʊə]

milk
[mɪlk]

sugar
[ˈʃʊgə]

meat
[miːt]

fish
[fɪʃ]

lobster
[ˈlɒbstə]

prawn
[prɔːn]

scallop shell
[ˈskɒləp ʃel]

Drinks

coffee
[ˈkɒfɪ]

cappuccino
[kæpʊˈtʃiːnəʊ]

hot chocolate
[hɒt ˈtʃɒklət]

tea
[tiː]

lemonade
[ˈleməneɪd]

mineral water
[ˈmɪnərəl wɔːtə]

beer
[bɪə]

cocktail
[ˈkɒkteɪl]

orange juice
[ˈɒrɪndʒ dʒuːs]

red wine
[ˈred waɪn]

white wine
[ˈwaɪt waɪn]

sparkling wine
[ˈspɑːklɪŋ waɪn]

spoon
[spuːn]

fork
[fɔːk]

knife
[naɪf]

pastry fork
[ˈpeɪstrɪ fɔːk]

teaspoon
[ˈtiːspuːn]

soup plate
[ˈsuːp pleɪt]

plate
[pleɪt]

dessert plate
[dɪˈzɜːt pleɪt]

coffee cup
[ˈkɒfɪ kʌp]

wine glass
[ˈwaɪn glɑːs]

water glass
[ˈwɔːtə glɑːs]

Clothes

T-shirt
[ˈtiːʃɜːt]

blouse
[blaʊz]

shirt
[ʃɜːt]

pullover
[ˈpʊləʊvə]

dress
[dres]

skirt
[skɜːt]

trousers *UK/*
pants *US pl*
[ˈtraʊsəz/pænts]

jeans
[dʒiːnz]

jacket
[ˈdʒækɪt]

coat
[kəʊt]

swimming trunks *pl*
[ˈswɪmɪŋ trʌŋks]

bikini
[bɪˈkiːnɪ]

belt [belt]

tie
[taɪ]

sock
[sɒk]

hat
[hæt]

shoe
[ʃuː]

sandal
[ˈsændl]

boot
[buːt]

The human body

hair
[heə]
eyebrow
[ˈaɪbraʊ]
eye
[aɪ]
forehead
[ˈfɔːhed]
eyelid
[ˈaɪlɪd]
nose
[nəʊz]
ear
[ɪə]
cheek
[tʃiːk]
eyelashes *pl*
[ˈaɪlæʃɪz]
teeth *pl*
[tiːθ]
lips *pl*
[lɪps]
chin
[tʃɪn]

cat
[kæt]

horse
[hɔːs]

rabbit
[ˈræbɪt]

chicken
[ˈtʃɪkɪn]

cock *UK*/**rooster** *US*
[kɒk/ˈruːstə]

duck
[dʌk]

mouse
[maʊs]

hedgehog
[ˈhedʒhɒg]

pigeon
[ˈpɪdʒɪn]

sheep
[ʃiːp]

pig
[pɪg]

dog
[dɒg]

cow
[kaʊ]

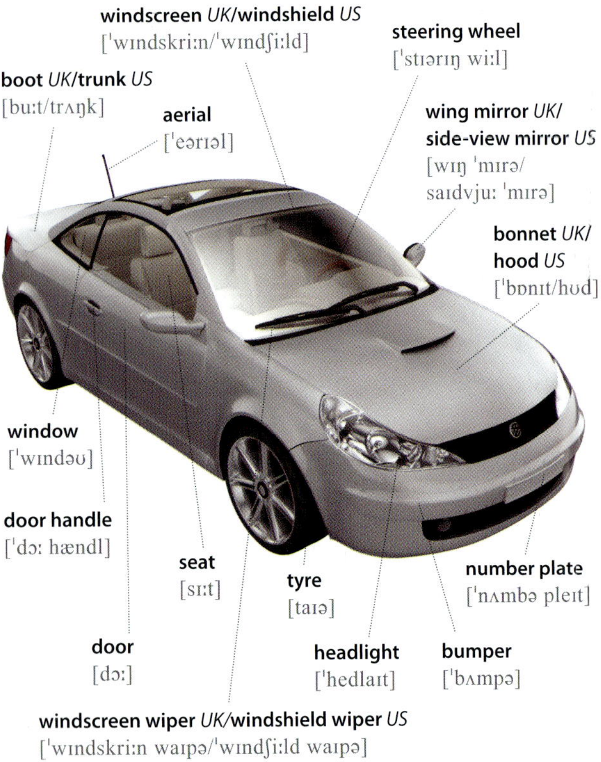
windscreen UK/windshield US
[ˈwɪndskriːn/ˈwɪndʃiːld]
steering wheel
[ˈstɪərɪŋ wiːl]
boot UK/trunk US
[buːt/trʌŋk]
aerial
[ˈeərɪəl]
wing mirror UK/
side-view mirror US
[wɪŋ ˈmɪrə/
saɪdvjuː ˈmɪrə]
bonnet UK/
hood US
[ˈbɒnɪt/hʊd]
window
[ˈwɪndəʊ]
door handle
[ˈdɔː hændl]
seat
[sɪːt]
tyre
[taɪə]
number plate
[ˈnʌmbə pleɪt]
door
[dɔː]
headlight
[ˈhedlaɪt]
bumper
[ˈbʌmpə]
windscreen wiper UK/windshield wiper US
[ˈwɪndskriːn waɪpə/ˈwɪndʃiːld waɪpə]